장애인 자녀를 위해 부모가 알아두어야 할

세무상식

고민석

[약력사항]

중앙대학교 경영대학 졸

삼현세무법인 강남지점 소속

더존아카데미 실무 강사

어울림아카데미 강사

[저서]

개인병의원 회계와 세무실무 (도서출판 어울림)

장애인 자녀를 위해 부모가 알아두어야 할 세무상식 (도서출판 어울림)

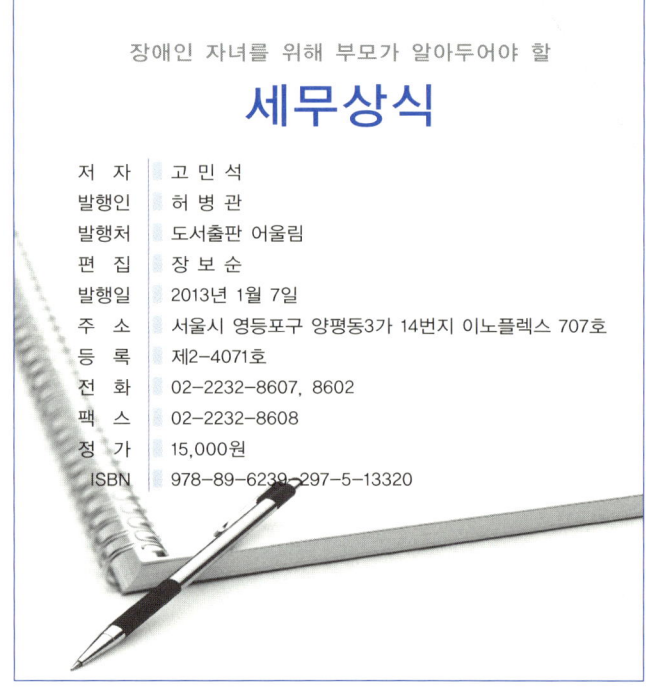

장애인 자녀를 위해 부모가 알아두어야 할

세무상식

저 자	고 민 석
발행인	허 병 관
발행처	도서출판 어울림
편 집	장 보 순
발행일	2013년 1월 7일
주 소	서울시 영등포구 양평동3가 14번지 이노플렉스 707호
등 록	제2-4071호
전 화	02-2232-8607, 8602
팩 스	02-2232-8608
정 가	15,000원
ISBN	978-89-6239-297-5-13320

www.aubook.co.kr

장애인 자녀를 위해
부모가 알아두어야 할
세무상식

고민석 저

도서출판
어울림
www.aubook.co.kr

서문

이 책은 내게 새로운 세상을 보여준 사랑하는 딸 은결이를 위해 그리고 모든 장애인 자녀를 둔 부모의 심정을 담아 만들었습니다.

특별히 책 출간을 도와주신 허병관 대표님께 감사의 말씀을 전합니다.

오늘도 자녀를 위해 무릎 꿇고 기도하는 부모님께 이 책을 바칩니다. 모두에게 은혜의 물결이 넘치시길 기원 드리며......

고민석

본 도서를 통해 발생되는 저자의 인세 전액은 사회복지공동모금회에 기부되어 장애인단체 및 기관에 배분될 것입니다.

차례

제1장 장애인의 정의와 등록절차

제2장 소득세법상 장애인 관련 사항

제3장 소득세 경정청구

제4장 근로장려세제

제5장 원천징수

제6장 장애인 관련 법인세 관련 사항

제7장 부가가치세법상 장애인 관련 사항

제8장 조세특례제한법상 장애인 금융상품의 비과세 및 감면, 세액공제

제9장 장애인 차량 관련

제10장 국세기본법 및 조세범처벌법 장애인 관련 사항

제11장 양도소득세, 종합부동산세, 관세법 장애인 관련 사항

제12장 장애인 상속세

제13장 장애인 관련 증여세

[부록1] 공익법인

[부록2] 장애인 관련 혜택 요약 정리

제1장

장애인의 정의와 등록절차

세법에서 규정한 장애인

1. 세법상 장애인

세법상 장애인의 범위는 일반적으로 인식하고 있는 장애인의 범위보다 더 넓은 개념이다.

따라서 장애인복지법 의한 장애인등록이 되어 있지 않더라도 항시 치료를 요하는 중증환자도 세법상 장애인에 해당된다.

① 장애인복지법에 의한 장애인
② 국가 유공자 등 예우 및 지원에 관한 법률에 의한 상이자 및 이와 유사한 자
③ 상기 이외에 항시 치료를 요하는 중증환자

용어설명

"항시치료를 요하는 중증환자"라 함은 지병에 의해 평상시 치료를 요하고 취학·취업이 곤란한 상태에 있는 자를 말한다. (소득세법기본통칙 51-2).

항시 치료를 요하는 중증환자로서 의료기관으로부터 '장애인 증명서'를 발급받는다면 세법상 장애인으로 분류될 수 있는 것이다.

'항시 치료를 요하는 중증환자'에 해당하는 지 여부는 의료기관에서 판단하는 것으로 장애인 증명서(별지 제38호 서식)를 의료기관에서 발급받는 때에는 담당의사나 진단이 가능한 의사를 경유하여야 하고 발행자란의 기재는 의료기관명과 직인 및 경유한 의사가 서명 또는 날인을 하여야 한다.

2. 세법상 장애인 공제 요건

항시 치료를 요하는 중증환자라 하더라도 세법에서 부양가족의 공제를 받기 위해서는 다음과 같은 요건을 충족하여야 한다.

> 부양가족으로 공제받고자 하는 중증환자의 <u>소득금액</u>이 100만원 이하

용어설명 소득금액

종합소득(이자, 배당, 사업, 근로, 연금, 기타소득금액), 퇴직소득금액, 양도소득금액의 연간 합계액으로 총수입금액(쉬운 접근 표현으로 "매출액")이 아니라 필요경비(쉬운 접근 : 사업관련 지출액)를 공제한 후의 개념이다. 다소 쉽지 않은 개념이기 때문에 연관페이지를 참고하여 해당여부를 검토하여야 한다. [참고 : 제2장 소득세법상 장애인 제1절 3. 연간 소득금액]

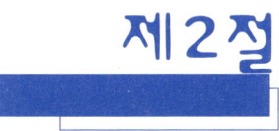

중증환자의 장애인증명서 발급

세법상 항시 치료를 요하는 중증환자에 대한 구체적인 병명이나 환자의 상태에 대한 기술은 없다. 이에 대한 판단은 의사가 판단할 사항이다.

이 경우 반드시 의료기관으로부터 장애인증명서를 교부받아 제출하여야 장애인공제를 받을 수 있다.(소득세법 시행령107 ②) 따라서 어떠한 구체적인 병명이 있는것은 아니며, 의사 등의 판단에 의해 지병에 의해 평상시 치료를 요하며 취학, 취업이 곤란한 상태라고 판단되면 되는 것이다.

다음과 같이 장기간 치료를 요하는 중증환자의 경우 세법상 장애인의 범위에 포함된다는 것이 일반적으로 알려진 사항이다.

암, 중풍, 만성신부전증, 백혈병, 고엽제후유증 등

1. 장애인증명서 작성방법

① 증명서 발급기관의 상호, 사업자등록번호, 대표자, 소재지를 기재한다.

② 소득자(또는 증명서 발급 요구자)의 성명, 주민등록번호, 주소를 기재한다.

③ 장애인에 대한 성명, 주민등록번호, 소득자와의 관계를 기재하고, 장애예상기간이 비영구인 경우에는 비영구에 √ 표 하고 병의 발

병시점에서 치료완치까지의 기간을 적고, 영구인 경우에도 발병
시점이 기재되어야 하므로 영구에 √표하고 발병시점을 기재한다.

장애내용 란에는 항시 치료를 요하는 중증환자의 경우 3을 기재한다.

2. 장애인증명서의 제출

장애상태가 1년 이상 지속될 것으로 예상되는 경우 장애인증명서 등
을 이미 제출한 것이 있으면 장애기간 동안은 다시 제출하지 아니한다.
다만, 그 장애기간 중 납세지 관할세무서 또는 사용자를 달리하는 때
에는 장애인증명서를 제출하여야 한다.(이 경우 전 납세지 관할 세무서
장 또는 전 원천징수의무자로부터 이미 제출한 장애인증명서를 반환받
아 이를 제출할 수 있으나 현실적으로 용이하지 않다.)

장 애 인 증 명 서

1. 증명서 발급기관

① 상 호		② 사업자등록번호			–		–			
③ 대표자(성 명)										
④ 소 재 지										

2. 소득자 (또는 증명서 발급 요구자)

⑤ 성 명		⑥ 주민등록번호						–			
⑦ 주 소											

3. 장애인

⑧ 성 명		⑨주민등록번호						–			
⑩ 소득자와의 관계	의	⑪장애예상기간	☐영구 ☐비영구 (. . .부터 . . .까지)								
⑫장 애 내 용	제 호	⑬용 도	소득공제 신청용								

위 사람은 「소득세법」 제51조제1항제2호 및 동법 시행령 제107조제1항에 따른 장애인에 해당하는 자임을 증명합니다.

년 월 일

진 료 자   (서명 또는 인)
발 행 자   (서명 또는 인)

귀 하

※ 작성방법 : ⑫장애내용란에는 다음의 해당 번호를 기재합니다.
  1. 「장애인복지법」에 따른 장애인 : 1
  2. 「국가유공자 등 예우 및 지원에 관한 법률」에 따른 상이자 및 이와 유사한 자로서 근로능력이 없는 자 : 2
  3. 그 밖에 항시 치료를 요하는 중증환자 : 3

소득공제용 장애인증명서 발급 절차

(각 개별 병원마다 진료 시스템이 다르기 때문에 정확한 사항은 각 병원 원무과에 문의하여 확인하는 것이 필요하다.)

세법상 장애인은 '항시치료를 요하는 중증환자'를 '지병에 의해 평상시 치료를 요하고 취학, 취업이 곤란한 상태에 있는 자를 말한다'라고 규정하고 있으며, 장애인 여부와 장애 기간은 최종적으로 의사가 판단해야 하므로 진료예약 및 진료비 수납이 필요하다.

1. 환자 본인이 아닌 대리인이 발급받을 경우
(대리인 발급시 구비서류 : 가족증빙서류, 환자신분증 사본, 방문자 신분증)

2. 장애인증명서 발급
암 환자의 경우 중증환자로 분류되어 있으므로, 장애인증명서 『소득세법 시행규칙』 제 101조 [별지 제 38호 서식] 발급을 원칙으로 하고 있으며, 의사 소견에 의해 영구와 비영구로 표시 하여 발급할 수 있다. 그러나 암 환자의 경우 장애인 복지법 상의 장애인으로 등록되는 경우가 드물며, 세법에서 명시한 "항시 치료를 요하는 중증환자"이기 때문에 대부분의 환자가 비영구로 발급받고 있다. (비영구 발급 시에는 해당 기간을 정확히 입력하여야 하며 갑상선암과 같이 영구 제거 수술을 한 경우에도 비영구로 매년 발급을 해주고 있음.)

[질의 응답]

1. 암 수술환자의 경우 대부분 장애인등록이 안되는데 장애인증명서는 어떤 것인지?
장애인복지법상 장애인등록이 되면 장애인수첩 또는 구청장이 발행하는 장애인복지 카드가 나오고 여러 가지 혜택이 주어진다. 일반적으로 암 환자는 장애인복지법상 장애인등록이 안 되지만, 세법상 소득공제 혜택을 주는 장애인에 해당되고, 소득공제를 받기 위해서는 세법에 정한 장애인증명서를 병원에서 발급받아 제출해야 한다. 따라서 병원에서 장애인증명서를 발급받았다고 하여 동사무소에서 장애인등록을 할 수 있는 것은 아니다.

2. 왜 장애인 증명서를 발급받기 위해 진료를 예약해야 하는지?
장애인 증명서란 소득세법에 의해 의료 기관에서 발급 받을 시에는 담당 의사나 진

료가능한 의사를 통해 발급해야만 한다.

3. 꼭 매년 발급해서 신고해야 하는지?
장애인 증명서 발급 관련 사례를 살펴보면 갑상선 같은 경우 영구 제거 수술을 했더라도, '비영구'로 발급하고 있으며, 암 질환으로 인해 장애인 복지법상 인정하는 장애인이 아닌 경우, 대부분은 매년 담당 의사의 관찰이 필요하다.

4. 의사선생님께서 발급을 꺼려 하는 경우, 어떻게 말씀드려야 하는지?
장애인증명서는 연말정산 소득공제 혜택이외의 용도로 쓰이지 않으며, 증명서 발급에 따라 의사 또는 병원 측이 받는 불이익은 전혀 없다.

5. 장애인 증명서는 팩스로 수령 가능한지?
연말정산서류는 원본이여야 하며, 타 증명서와 같이 본인 또는 대리인의 방문이 필요하다.

6. 장애인 증명서가 아닌 일반 진단서, 암중증카드 만으로 소득공제를 받을 수 있는지?
세법에는 장애인공제를 받기 위해서는 장애인증명서를 매년 제출토록 규정하고 있다. 의료기관에서 발급하는 장애인증명서에 의하여 항시 치료를 요하는 중증환자임이 확인되는 경우에는 장애인공제가 가능하나 진단서나 건강보험공단의 중증환자 등록카드만으로는 공제를 받을 수 없다.

[자료출처 : 국립암센터]

제3절

개별법에서 규정한 장애

각 개별법에서 규정한 장애인의 종류에 따라, 장애인의 적용범위가 상이할 수 있으므로, 해당 법에서 정한 요건에 충족되는지 여부를 확인하여야 한다.

장애인고용촉진 및 직업재활법	「장애인복지법 시행령」 제2조에 따른 장애인 기준에 해당하는 자와 「국가유공자 등 예우 및 지원에 관한 법률 시행령」 제14조제3항에 따른 상이등급 기준에 해당하는 자. [장애인의 종류] 고용지원 혜택의 대상이 되는 "장애인"은 「장애인복지법 시행령」 제2조에 따른 장애인 기준에 해당하는 자와 「국가유공자 등 예우 및 지원에 관한 법률 시행령」 제14조제3항에 따른 상이등급 기준에 해당하는 자를 그 범위로 함. [보충설명] 장애인이 고용지원을 받고자 할 때에는 실무상 장애등급이 표기된 장애인등록증(또는 국가유공자등록증)을 요구함.
장애인복지법	신체적·정신적 장애로 오랫동안 일상생활이나 사회생활에서 상당한 제약을 받는 자.(「장애인복지법」 제2조제1항). [용어설명] '신체적 장애'란 주요 외부 신체 기능의 장애, 내부기관의 장애 등. '정신적 장애'란 발달장애 또는 정신 질환으로 발생하는 장애. [장애인의 종류] 지체장애인, 뇌병변장애인, 시각장애인, 청각장애인, 언어장애인, 안면장애인 등으로 구분하고 있으며, 이에 대한 기준 및 종류는 「장애인복지법 시행령」 제2조 및 별표 1에서 상세하게 규정

국가인권위원회법	제2조제4호에서는 '장애'를 신체적·정신적·사회적 요인에 의하여 장기간에 걸쳐 일상생활 또는 사회생활에 상당한 제약을 받는 상태로 규정하고 있어 「장애인복지법」과 비교하여 "장애"의 요소로 사회적 요인을 추가함. [장애인의 종류] 제14조제3항에 따른 상이등급 기준에 해당하는 자를 장애인고용촉진 및 직업재활법령에서는 장애인으로 규정하고 있으며, 이에 대한 기준 및 종류는 「국가유공자 등 예우 및 지원에 관한 법률 시행령」 제14조 및 별표 3에서 상세하게 규정
장애인차별금지 및 권리구제 등에 관한 법률	신체적·정신적 손상 또는 기능상실이 장기간에 걸쳐 개인의 일상 또는 사회생활에 상당한 제약을 초래하는 상태.

장애인 등록 절차

장애인 등록제도는 정부가 장애인의 수와 복지욕구 등을 파악하여 장애인복지정책을 수립함에 있어서 그 기초로 삼기 위하여 실시하는 제도로 장애인인 경우에도 장애인으로 등록이 되어야만 각종 장애인복지혜택을 실질적으로 누릴 수 있다.

[장애인 등록 신청 절차]

등록신청	장애인의 등록을 신청하려는 자는 신청서(「장애인복지법 시행규칙」 별지 제1호서식)에 사진(2.5센티미터×3센티미터) 1장을 첨부하여 관할 읍·면·동장을 거쳐 특별자치도지사·시장·군수·구청장(자치구의 구청장을 말하며, 이하 "시장·군수·구청장"이라 함)에게 제출.
의료기관에 장애진단의 의뢰	등록신청을 받은 시장·군수·구청장은 등록대상자와의 상담을 통하여 장애상태가 「장애인복지법 시행령」 제2조에 따른 장애인의 기준에 명백하게 해당되지 않는 경우 외에는 지체 없이 「장애인복지법 시행규칙」 별지 제2호 서식의 의뢰서에 따라 「의료법」 제3조의 의료기관 또는 「지역보건법」 제7조 및 제10조의 보건소와 보건지소 중에서 보건복지부장관이 정하는 장애유형별 해당 전문의가 있는 의료기관에 장애진단을 의뢰
장애상태의 진단(장애정도의 심사) 및 결과통보	장애진단을 의뢰받은 의료기관은 장애인의 장애상태를 진단한 후 「장애인복지법 시행규칙」 별지 제3호 서식의 진단서를 장애진단을 의뢰한 시장·군수·구청장에게 통보 다만, 시장·군수·구청장은 통보받은 진단 결과에 대하여 보다 정밀한 심사가 필요하다고 인정되는 경우에는 국민연금공단에 장애정도에 관한 심사를 의뢰할 수 있다. 이 경우 장애정도에 관한 국민연금공단의 심사 방법 및 기준 등에 필요한 사항은 보건복지부장관이 정하여 고시함.
장애인등록증의 교부	특별자치도지사·시장·군수·구청장은 진단 결과나 장애정도에 관한 심사 결과를 통보받은 경우에는 「장애인복지법 시행규칙」 제2조에 따른 장애등급에 해당하는지를 확인하여 그 기준에 맞으면 장애인으로 등록하고, 해당 장애인에 대한 장애인등록카드를 작성하며, 장애인등록증을 발급

[별지 제2호서식]

제　호

<h1 style="text-align:center">장애진단 의뢰서</h1>

성　명 :　　　　　　　　　　　　(주민등록번호:　　　　　　　　)

주　소 :

장애유형 :

위 사람의 장애진단을 의뢰하오니 「장애인복지법 시행규칙」 별표 1 장애인의 장애등급표상의 기준
및 같은 법 시행규칙 제2조제2항에 따른 장애등급 판정기준에 따라 진단하여 주시기 바랍니다.

(시장·군수·구청장) [인]
(의료기관장) 귀하

※ 첨부: 장애진단서 서식 2부

210㎜×297㎜(일반용지 60g/㎡(재활용품))

장애인등록신청서				처 리 기 간
				14일 이 내

신 청 인	성 명		주민등록번호	
	주 소	(전화번호)		

세 대 주	성 명		주민등록번호	
	주 소			

복지욕구	□보장구지원( ) □특수교육 □취업알선 □직업훈련 □생계보조수당 □학비 □자금대여 □시설입소

장애인복지법에 의한 장애인등록을 위와 같이 신청합니다.

년   월   일

신청인   서명 또는 날인

귀하

구비서류	없음(단, 장애인등록으로 판정시 사진2매 제출)

장 애 진 단 서

진 단 대 상 자	성 명			성 별	
	주 민 등 록 번 호				
	주 소	(전화번호:)			
장 애 상 태	장애부위 또는 질환명				
	장 애 원 인				
	장 애 발 생 시 기				
진 료 기 간 및 의 사	. . ~ . .		의료기관명 ( ), 의사명 ( )		
	. . ~ . .		의료기관명 ( ), 의사명 ( )		
진 단 의 사 의 소 견					
장 애 등 급	( )장애 급 호				
재 판 정	필요사유		재판정할 시기		

「장애인복지법」 제32조 및 같은 법 시행규칙 제3조제3항에 따라 장애진단결과를 통보합니다.

진단의사명   (서명 또는 인)
(의사 면허번호)
　　　　　　　　(전문의 과목)   (전문의 자격번호)
진단의료기관명   (인)

　　　　　　　　　　　　　　　　　　　　　(시장·군수·구청장) 귀하

※ 비고
 1. 장애진단 및 진단서 발행 시 진단받는 자가 본인임을 확인하여야 합니다.
 2. 성명, 주민등록번호, 장애등급 등을 투명테이프 처리한 후에 장애진단의뢰기관에 우편송부함을 원
    칙으로 하되, 부득이 인편에 의한 경우 봉투의 봉함부분에 의료기관의 관인을 찍어 송부하여야
    합니다.
 3. 진단의사의 소견란에는 장애등급판정기준에 의거 검사항목·검사결과·장애 정도를 구체적으로
    기재합니다.
 4. 장애등급란은 「장애인복지법 시행규칙」 제2조에 따른 장애유형과 등급을 기재합니다.
 5. 진단의사의 소견란에 X-ray 촬영 여부 등 구체적인 사항을 기재하여야 하며, 장애등급판정기준에
    부합하여야 합니다.

심사대상	장애심사는 장애인복지법과 관련 법령에 따라 심사를 받아야하는 기존 등록장애인과 장애인 등록신청자(이하 '심사대상자'라 함)를 대상으로 함.
제출서류	특별자치도지사·시장·군수·구청장은 장애심사 전문기관에 심사를 의뢰하기 위하여 다음의 서류의 심사대상자에게 요구할 수 있다. 이 경우 심사대상자는 특별한 사유가 없는 한 이에 응해야 하며, 2회 이상 서류 제출 요구를 거부한 때에는 장애심사 신청 등을 반려할 수 있음.
심사의뢰	제출 서류를 받은 특별자치도지사·시장·군수·구청장은 장애심사 전문기관에 장애상태의 확인을 위한 심사를 의뢰해야 함.
심사실시	① 심사는 제출된 관련 서류에 따른 서면심사를 원칙으로 하며 장애심사 전문기관은 제출된 서류를 확인하고 보완이 필요한 경우 자료의 보완을 요구할 수 있으며 자료보완을 요구받은 심사대상자는 15일 이내 보완서류를 제출. ② 장애심사는 심사의뢰를 받은 날로부터 21일 이내에 처리해야 하며 이 경우 서류보안 등에 따른 기간은 제외함.
심사결과 및 통지	심사에 따른 결과는 다음의 어느 하나로 함. ① 「장애인복지법 시행규칙」 제2조의 장애인의 장애등급표에 따른 장애등급 결정으로 장애등급 1급 내지 6급 ② '장애등급 제외(등급외)'로 「장애인복지법 시행규칙」 제2조에 따른 장애인의 장애등급에 해당하지 않는 경우 ③ '장애등급 결정보류'로 「장애인복지법 시행규칙」 제2조제2항에 따른 장애장애 판정기준의 치료기간 등을 준수하지 않은 경우 ④ '장애등급 확인불가'로 관련 서류의 부족 등으로 장애상태의 확인이 불가능한 경우 ⑤ '심사반려'로 심사대상자가 심사서류 제출 등에 협조하지 않아 심사를 진행할 수 없을 경우
이의신청 등	① 심사대상자가 장애심사 결과에 이의가 있는 경우 추가서류 보완 등을 하여 심사결과 통보를 받은 날로부터 90일 이내에 특별자치도지사·시장·군수·구청장에게 이의신청을 할 수 있다. ② 장애심사 전문기관은 심사를 실시한 후 이의신청의 심사의뢰일로부터 30일 이내에 심사결과를 특별자치도지사·시장·군수·구청장에게 통보

장애인등록증 반환	① 장애인등록증을 교부 받은 자와 법정대리인 또는 장애인을 보호하고 있는 장애인복지시설의 장, 그 밖에 장애인을 사실상 보호하고 있는 자는 해당 장애인이 장애의 종류와 기준(「장애인복지법」 제2조)에 맞지 않게 되거나 사망하면 그 등록증을 반환해야 함. ② 위 반환사유의 발생에도 불구하고 반환하지 않는 경우에는 특별자치도지사·시장·군수·구청장은 장애인등록증을 반환하게 할 수 있으며(「장애인복지법」 제32조제3항 후단), 등록증반환명령을 거부하는 경우 300만원 이하의 과태료가 부과
장애인등록증 양도 및 대여 금지	① 장애인등록증은 양도하거나 대여하지 못하며, 등록증과 비슷한 명칭이나 표시를 사용해서는 안 됨. ② 특별자치도지사·시장·군수·구청장은 장애인등록증을 양도·대여한 경우 등에는 등록증을 반환하게 할 수 있으며 등록증반환명령을 거부하는 경우 300만원 이하의 과태료를 부과. ③ 장애인등록증을 양도, 대여한 경우 등에는 1년 이하의 징역이나 500만원 이하의 벌금을 부과
장애인등록증 분실 및 훼손	장애인이 장애인등록증을 잃어버리거나 장애인등록증이 훼손되어 못 쓰게 되었을 경우 또는 「여신전문금융업법」 제2조에 따른 신용카드나 직불카드와 통합된 등록증으로 재발급을 받으려는 경우에는 「장애인복지법 시행규칙」 별지 제4호 서식의 신청서에 등록증(등록증을 잃어버린 경우는 제외함)을 첨부하여 관할 읍·면·동장을 거쳐 시장·군수·구청장에게 재발급을 신청
장애인 등록증 기재사항 변경	장애인은 장애인등록증의 기재사항을 변경하려면 「장애인복지법 시행규칙」 별지 제5호 서식의 신청서에 장애인등록증과 기재사항의 변경내용을 증명할 수 있는 서류를 첨부하여 관할 읍·면·동장을 거쳐 시장·군수·구청장에게 신청.　이 경우 시장·군수·구청장이 「전자정부법」 제36조제1항에 따른 행정정보의 공동이용을 통하여 기재사항의 변경내용을 증명할 수 있는 서류에 대한 정보를 확인할 수 있는 경우에는 그 확인으로 첨부서류를 갈음하되, 신청인이 확인에 동의하지 않는 경우에는 그 서류를 첨부해야 함.

[자료출처 : 찾기 쉬운 생활정보]

제2장

소득세법상
장애인 관련 사항

　소득세법은 개인 납세자의 인적사항을 고려하여 부양가족에 대한 인적공제를 차감하여 세액을 계산한다. 이는 가족 부양으로 실질소득이 줄어드는 점을 고려한 것으로　장애인 부양가족(자녀, 부모, 형제자매)이 있을 경우 기본공제와 장애인공제 요건을 검토하여 적절하게 소득공제를 적용받을 수 있도록 하는 것이 중요하다.

인적공제

1. 인적공제의 유형

구　　분	내　　　　용	비　　고
기본공제	기본공제대상자 1명당 150만원	모든 종합소득자
추가공제	경로우대자공제 : 1명당 100만원	
	장애인공제 :1인당 200만원	
	부녀자공제 : 50만원	
	자녀양육비공제 : 1명당 100만원	
	출산, 입양공제 : 1명당 200만원	
다자녀추가공제	기본공제대상자 자녀 2인 : 100만원 기본공제대상자 자녀 3인 : 300만원 (2명 초과 1명당 200만원)	근로소득자(일용근로자 제외) 및 사업소득자만 적용

2. 기본공제대상자 요건

구 분		내 용		비 고
		연 령	소득금액	
본 인		무조건 기본공제 대상임		
배 우 자		해당사항 없음	100만원 이하	사실혼 제외
부양가족	직계존속	60세 이상	100만원 이하	직계존속 중 계부와 계모 포함
	직계비속(입양자)	20세 이하		재혼한 경우 배우자의 비속 포함
	형제자매	60세 이상, 20세 이하		
	국민기초생활 보장법의 수급자	제한없음	100만원 이하	
	위탁아동	18세 미만 아동	해당 사항 없음	해당 과세기간 6개월 이상 직접 양육

3. 연간소득금액

연간소득금액에는 미열거소득, 비과세소득, 분리과세소득은 제외한다.

법해석상 종합소득금액, 퇴직소득금액, 양도소득금액이 100만원을 초과하면 기본공제를 받을 수 없다.

여기서 소득금액이라는 개념에 대한 이해가 필요하다.

[소득금액]
= 각 소득(근로소득 등) − 비과세소득 − 분리과세소득 − 필요경비(근로소득공제)

　2개 이상의 소득이 있을 경우 소득금액을 합산하여 100만원 초과여부를 검토한다.

(1) 기본공제 불가 사례

　① 배우자가 10월부터 근무하여 연간(3개월간) 월급 600만원(식대와
　　자가운전보조금 90만원 포함됨)일 경우

> 비과세를 제외한 총급여는 510만원이므로 이를 근로소득금액으로 환산하면 소득금액
> 100만원 초과됨. 따라서 공제 불가

　② 배우자가 1월에 회사를 그만 두고 퇴직금을 200만원 수령하였다.

> 퇴직금이 100만원을 초과하기 때문에 배우자로서 부양가족 공제를 받을 수 없다.

　③ 배우자가 1억원에 취득한 부동산(상가건물)을 1억5천만원에 양도
　　하고 이에 따른 장기보유특별공제액은 2천만원이다.

> 양도가액에서 취득가액과 장기보유특별공제액을 차감하면 양도소득금액은 3천만원이므
> 로 부양가족 공제를 받을 수 없다.

　④ 퇴직금 90만원, 양도소득금액 20만원일 경우
　2개의 소득을 합산할 경우 110만원이므로 공제 불가

(2) 기본공제 가능한 사례

　① 배우자가 월급 500만원(비과세 제외)일 경우

> 총급여가 500만원 이하이므로 근로소득금액은 100만원이기 때문에 공제 가능

　② 금융기관 예금이자가 200만원이다. 그 외 다른 소득은 없다.

금융소득이 4천만원 초과하지 않으므로 원천징수로 과세 종결된다. 따라서 공제 가능
만일, 장애인 생계형저축에 가입하여 비과세된 이자소득이 200만원일 경우에도 공제
가능

[표 : 연간 소득금액 각 소득별 검토 내용1] 연간 소득금액 100만원 사례

구 분	계 산 내 용	비 고
근로소득	총 급여 500만원 이하	근로소득 총수입금액 - 비과세 = 총급여
사업소득	사업소득금액 (쉬운접근 : 세무상 순이익) 100만원 이하	총수입금액 - 필요경비 = 사업소득금액
기타소득	필요경비(실제, 80%)에 따라 100만원 초과 혹은 이하 여부를 판단하여 결정한다.	총수입금액 - 필요경비 = 기타소득금액 (쉬운 접근 : 원천징수한 회사에 기타소득 원천징수영수증 서류를 받아 확인한다.)
이자 및 배당소득	이자 + 배당 : 4천만원 이하	이자와 배당을 합쳐 4천만원 이하의 경우 원천징수로 과세 종결
연금소득	계산이 복잡하여 자세한 설명은 생략한다.	국민연금 혹은 공무원 연금 등을 수령하는 경우 연간 소득금액 100만원 여부는 관련 기관에 문의하여 파악한다.
퇴직소득	퇴직금 수령액 100만원 이하	퇴직금 수령액을 기준으로 파악한다.
양도소득	양도소득금액 100만원 이하 (처분사실이 있을 때에는 소득금액 판단은 세무신고 내용을 참고한다.)	양도가액 - 필요경비 - 장기보유특별공제 = 양도소득금액 (쉬운 접근 : 부동산 등을 처분하여 순수하게 번 금전의 합계에서 3년이상 보유에 따른 공제액을 차감한 금액)

[표 : 연간 소득금액 각 소득별 검토 내용2]

구 분	내 용
이자소득	이자소득 − 비과세소득 − 분리과세소득
	이자소득 중 비과세소득(저축성보험의 보험차익, 장기주택마련저축 등), 분리과세소득(조특법상 생계형저축, 세금우대저축 등)을 차감한 금액이 배당소득과 합산하여 4천만원을 초과하지 않을 경우 소득금액 요건을 충족
배당소득	배당소득 − 비과세소득 − 분리과세소득
	배당소득 중 비과세소득, 분리과세소득을 차감한 금액이 이자소득과 합산하여 4천만원을 초과하지 않을 경우 소득금액 요건을 충족
근로소득	총급여액(비과세 식대 및 자가운전보조금 등 제외) − 근로소득공제
	근로소득공제액은 근로소득자의 소득금액을 계산하기 위해 일괄적으로 급여수준에 맞춰 일정액을 공제하는 것으로 총급여액이 500만원일 경우 소득금액은 100만원임. 2011년이전 「공제가능한」 총급여액 수준은 700만원임.
사업소득	총수입금액(비과세 제외) − 필요경비
	총수입금액은 각종 수익(일반적으로 매출액을 의미)에서 사업관련 경비를 차감한 세무상 순이익 개념임. 필요경비는 실제발생된 비용을 처리하는 경우와 단순경비율 및 기준경비율 적용사업자의 경우에는 일정율을 계산하여 적용함.
연금소득	총연금액(비과세 및 분리과세 제외) − 연금소득공제
	연금소득의 경우 소득금액 계산이 다소 복잡함으로 소득공제 대상여부는 해당 연금관리공단에 문의하여 확인. 분리과세되는 연금소득과 2002년이전 불입액을 기초로 수령하는 연금은 비과세 소득임.
기타소득	총수입금액(비과세 및 분리과세 제외) − 필요경비
	필요경비가 80%인정되는 경우에는 총수입금액이 500만원 이하면 소득금액 100만원 이하에 해당됨. 실제 발생된 필요경비만 차감하는 기타소득도 있음. 기타소득금액이 300만원이하로 확정신고를 하지 않을 경우 분리과세로 과세가 종결되어 공제가능함.
퇴직소득	퇴직소득 = 퇴직소득금액
	퇴직금을 100만원 초과하여 수령할 경우 기본공제대상자에 해당되지 아니한다.
양도소득	양도가액 − 취득가액 − 필요경비 − 장기보유특별공제
	위 산식의 계산으로 100만원 넘을 경우 기본공제대상자에 해당하지 않음

* 위 소득금액을 모두 합한 금액(합산되는 종합소득, 퇴직소득, 양도소득)으로 소득 금액 100만원이하 요건을 충족하여야 함.

4. 부양가족

부양가족이란 주민등록표의 동거가족으로서 해당 과세기간 종료일 현재 해당 거주자의 주소, 거소에서 현실적으로 생계를 같이하는 사람을 말한다.

다만, 다음의 경우에는 주민등록표의 동거가족으로 되어 있지 않더라도 현실적으로 생계를 같이하는 부양가족으로 본다.

① 직계비속, 입양자(직계비속, 입양자는 무조건 생계를 같이 하는 사람으로 본다.)
② 직계비속, 입양자를 제외한 동거가족의 경우에는 취학, 질병의 요양, 근무상, 사업상 형편 등으로 본래의 주소, 거소에서 일시 퇴거한 경우
③ 부양가족 중 거주자(그 배우자 포함)의 직계존속이 주거의 형편에 따라 별거하고 있는 경우

장애인 부모님(연령70세, 소득없음)이 병원에 입원하여 병원비를 본인이 지출하나 주민등록상 등재되어 있지 아니할 경우 연말정산시 소득공제 여부?

부모님의 경우에는 주거형편상 별거를 하더라도 현실적으로 생계를 같이하는 경우 부양가족으로 본다.
(단, 다른 형제의 동거가족으로 등재되어 해당 형제가 소득공제 받는 경우는 제외됨)

사례 2

동거하던 장애인 형(연령30세, 소득없음)의 몸 상태가 악화되어 요양원에 입소하여 병원비를 본인이 지출하고 실질적인 부양을 하고 있음. 장애인 형의 요양원 입소를 위해 주소를 이전하여 현재 주민등록상 등재되어 있지 아니할 경우 소득공제 여부?

부양가족이 기본공제대상자에 해당하기 위해서는 당해 거주자와 생계를 같이하여야 한다. 생계를 같이하는 부양가족이란 주민등록표상의 동거가족으로서 당해 거주자의 주소 또는 거소에서 현실적으로 생계를 같이하는 부양가족을 말한다. 다만, 당해 거주자 또는 동거가족이 취학·질병의 요양, 근무상 또는 사업상의 형편 등으로 본래의 주소 또는 거소를 일시 퇴거한 경우 생계를 같이하는 것으로 본다.

사례 3

장애인 동생(연령40세, 소득없음)의 치료를 위한 병원비를 지난 20년간 형이 부담하고 있다. 형은 직장관계로 주소를 다른 곳(10년 전)에 두고 있다. 소득공제 여부는?

퇴거한 기간이 10여년이라면 '일시'퇴거자라 보기 어렵다는 의견이 있다. 이 경우 공제여부에 대한 판단은 곤란할 것으로 예상되어지나, 근무상 형편에 따른 일시퇴거를 입증하는 차원에서 일시퇴거자 동거가족상황표를 작성하고 당해 근무처 장이 발행한 재직증명서를 발급받아 회사(원천징수의무자)에게 제출하여 공제여부에 대한 판단을 의뢰한다.

[편저자 주] 장애인 형제 자매에 대한 간병비 등 지급에 대한 소득공제에 관하여

현재 형제 자매에 대한 소득공제시 주소가 분리된 상태에서 장기간 실질적인 부양을 하더라도 부양가족에 대한 인적공제 적용을 받는 것에 상당한 제약이 있는 것으로 판단된다.

장애인 가족에 대한 부양의 형태가 여러 가지로 존재할 수 있는 현실을 감안하고 또한 가족의 경제적인 부담을 완화하는 차원에서 장애인 형제, 자매에 대한 인적공제의 허용범위를 확대할 필요가 있다고 생각되어 진다.

5. 연령요건

연령요건의 적용시 해당 과세기간 중 해당 연령에 해당되는 날이 하루라도 있는 경우에는 공제대상자로 한다.

직계비속으로 1992년 1월 31일생인 자녀의 경우 2012년 기본공제 대상자가 되는지?

2012년 1월 31일 만 20세가 되고 2012년 12월 31일 과세종료일 시점에 20세 11개월인 경우 해당 과세기간 중에는 20세 이하인 날이 있으므로 공제대상자가 되는 것이다.

6. 인적공제대상자 여부의 판정시점

인적공제대상자에 해당하는지 여부의 판정은 해당 과세기간의 과세기간 종료일 현재의 상황에 따른다. 다만, 과세기간 종료일 전에 사망한 사람은 사망일 전날의 상황에 따른다.

예를 들어 연령과 소득금액 요건을 모두 충족한 65세 직계존속의 경우 해당 과세기간 20X2년 중에 사망하였다면 20X2년의 부양가족으로 보아 150만원 공제가 가능하다.

7. 추가공제

구 분	요 건	공제액
경로우대자 공제	기본공제대상자 중 70세 이상인 사람이 있는 경우	100만원
장애인 공제	기본공제대상자 중 장애인이 있는 경우	200만원
부녀자 공제	해당 거주자 본인이 배우자가 없는 여성으로서 부양가족이 있는 세대주이거나 배우자가 있는 여성인 경우	50만원
자녀양육비 공제	기본공제대상자 중 6세 이하의 직계비속, 입양자 또는 위탁아동이 있는 경우	100만원
출산 입양 공제	해당 과세기간에 출생한 직계비속이나 입양신고한 직계비속이 있는 경우	200만원

8. 장애인 관련 인적공제

① 기본공제대상자의 경우 연령과 소득금액 요건을 동시에 충족하여야 하나, 장애인은 소득금액 요건만 고려대상이 된다. 즉 장애인은 연령요건을 적용하지 아니한다.

사례

장애인 자녀로 연령이 25세, 소득이 없다면 기본공제대상자가 되는지?

장애인 자녀의 경우 별도의 소득금액이 없다면 연령이 25세(20세 초과)이라도 기본공제대상자가 되어 150만원의 공제가 가능하다.

② 해당 직계비속(아들, 딸, 손자, 손녀 등)이 장애인이고, 직계비속의 배우자(사위, 며느리 등) 또한 장애인이면, 직계비속의 배우자는 원칙은 기본공제대상자가 아니나 이 경우만 특별히 예외를 둔다.

보충설명 장애인 배우자 공제

이는 인적공제에 한한다. 기타 공제의 경우 원칙적으로 공제가 불가하다. 예를 들어 장애인 직계비속의 장애인 배우자가 사용한 신용카드등 사용금액은 「조세특례제한 법」제126조의2에 따라 소득공제 되는 신용카드등 사용금액에 포함되지 않는 것임.

사례

장애인 자녀(소득금액이 없고, 연령 33세)와 며느리(장애인으로 소득금액이 없고, 연령이 30세)를 실질적으로 부양하고 있는 경우 기본공제 대상 적용이 가능한지?

본래 며느리는 시아버지의 기본공제대상자에 해당하지 않는 것이나,
자녀가 장애인이고 자녀의 배우자(며느리) 또한 장애인일 경우 예외적으로 그 배우자를 공제대상에 포함하여 공제한다.

③ 과세기간 종료일 전 장애가 치유된 사람에 대해서는 치유일 전날의 상황에 따른다.

사례

중증장애인으로 의사가 발행해주는 장애인증명서가 있는데 기간이 2012.06.30.까지 일 경우 2012귀속 소득세 신고시 장애인공제를 받을 수 있는지?

해당과세기간 중에 장애가 치유되어 과세기간 종료일 현재에는 정상인인 경우 치유일 전날까지는 장애인이었으므로 해당 과세기간에는 장애인으로서의 공제규정을 적용한다.
따라서 2012년 중 과세기간에 장애인이었던 기간이 있는 경우 2012년 종합소득세 신고시 장애인공제가 가능하다.

④ 장애인 추가공제의 경우 기본공제대상자를 전제로 한다.

사례

장애인 자녀의 소득금액이 1천만원, 연령은 30세일 경우 기본공제대상자와 추가공제 적용이 가능한지?

장애인 자녀의 경우 연령을 고려하지 아니하고 소득금액 100만원이하인 경우 기본공제 대상이 된다. 위 사례의 경우 소득금액이 요건을 충족하지 못함으로 기본공제대상자가 될 수 없다. 따라서 기본공제대상자가 되지 아니한 장애인 자녀는 추가공제 적용도 받을 수 없다.

⑤ 다자녀 추가공제 적용시 장애인 자녀가 기본공제 대상자에 해당될 경우 연령에 상관없이 공제를 받을 수 있다.

사례

선량한 씨는 자녀2명이 있다. 자녀 중 첫째는 장애인으로 30세이고 소득이 없으며 둘째는 17세이고 고등학생으로 소득이 없다. 이 경우 다자녀추가공제를 적용받을 수 있는지?

자녀 모두 기본공제대상자가 되기 때문에 다자녀 추가공제 2인이상에 해당되어 공제를 받을 수 있다. 다자녀추가공제는 기본공제대상 자녀가 2인 이상일 경우이다. 따라서 장애인 자녀의 경우 연령을 고려하지 않고 소득금액만 요건으로 하기에 위 사례의 경우 다자녀추가공제가 가능하다.

제 2 절

특별공제

특별공제는 근로소득자와 그 밖의 종합소득자로 구분하여 그 적용을 달리하고 있는데, 이를 살펴보면 다음과 같다. 여기서는 장애인과 관련성이 높은 보험료, 의료비, 교육비, 기부금을 중심으로 설명한다.

구 분		내 용
근로소득이 있는 자	특별공제 신청한 경우	항목별 공제
	특별공제 신청하지 않은 경우	표준공제 100만원
근로소득 외의 종합소득자	성실사업자	표준공제 100만원 + 기부금 공제
	성실사업자 (일정요건 충족)	표준공제 100만원 + 의료비, 교육비, 기부금 공제
	성실신고 확인 대상자	표준공제 60만원(혹은 위 성실사업자 충족시 100만원) + 의료비, 교육비, 기부금공제
	그 밖의 자	표준공제 60만원 + 기부금 공제

용어설명 성실사업자의 범위

① 다음의 어느 하나에 해당하는 사업자일 것
  - 신용카드 가맹점 및 현금영수증가맹점으로 모두 가입한 사업자
    (해당 과세기간에 신용카드매출전표 또는 현금영수증의 발급을 거부하거나 사실과 다르게 발급한 사실이 있는 사업자는 제외)
  - 전사적 기업자원관리설비 또는 판매시점 정보관리시스템설비를 도입한 사업자
② 소득세법의 규정에 따라 장부를 비치, 기장하고 그에 따라 소득금액을 계산하여 신고 할 것
  - (다만, 추계조사결정이 있는 경우에는 해당 과세기간은 제외)
③ 사업용계좌를 개설, 신고하고 해당 과세기간에 사업용 계좌를 사용하여야 할 금액의 2/3이상을 사용할 것

용어설명 성실사업자에 대한 특별공제

사업자가 2012년 12월 31일이 속하는 과세기간까지 사업용계좌의 개설, 신고 등 다음의 요건을 모두 갖춘 경우에는 표준공제(100만원) + 기부금공제 + 의료비공제 + 교육비 공제를 적용받을 수 있다.

① 성실사업자 요건에 해당할 것
② 해당 과세기간의 수입금액을 직전 과세기간의 수입금액보다 20%를 초과하여 신고할 것
③ 해당 과세기간의 사업소득금액을 직전 과세기간의 사업소득금액 이상으로 신고할 것
④ 해당 과세기간 개시일 현재 2년이상 계속하여 사업을 영위할 것
⑤ 해당 과세기간의 법정신고납부기한 종료일 현재 최근 3년간 조세범으로 처벌받은 사실이 없을 것
⑥ 해당 과세시간의 법정 신고기한 종료일 현재 국세의 체납사실이 없을 것

용어설명 성실신고 확인 대상자

성실신고 확인대상자로 서비스업종 등의 경우 수입금액이 7억5000만원 이상, 제조업과 숙박·음식점업 등은 수입금액 15억원 이상, 농어업과 도소매업 등은 수입금액이 30억원 이상이면 성실신고확인을 의무적으로 받도록 업종별 기준에 차등을 뒀다.

사례

자영업자 '갑'의 장애인 배우자 '을'은 7월 사망하였다. 이 경우 '을'의 치료를 위한 의료비를 소득세 신고시 공제받을 수 있는지?

'갑'이 근로자의 경우 배우자 '을'을 위하여 지출된 7월까지 의료비를 소득공제 받을 수 있으나, 사업자인 경우 의료비 공제는 불가하다. 다만 '갑'이 성실사업자 혹은 성실신고확인대상자일 경우에는 의료비 공제가 가능하다.

1. 보험료 공제

(1) 공제액 계산

보험료공제는 근로소득이 있는 거주자로서 특별공제신청을 한 경우에 한하여 적용되는 것이다.

기본공제 대상자를 피보험자로 한 보험의 경우에만 보험료 공제가 가능하다.

피보험자란 생명 보험에서 생명 또는 신체에 관하여 보험이 붙은 자를 말한다. 예를 들어 소득금액이 100만원 이하로 기본공제대상이 되는 장애인 자녀를 생명보험에 가입하여 부(아버지)가 보험료를 납입하는 경우 보험료공제가 가능하다.

> 공제한도 = 건강보험료, 고용보험료, 노인장기요양보험료 본인부담금 전액 + (일반)보장성보험료(100만원 한도) + 장애인전용보장성 보험료(100만원 한도)

(일반)보장성보험과 장애인전용보장성 보험료별로 그 합계액이 각각 연 100만원을 초과하는 경우 그 초과하는 금액은 없는 것으로 한다.

용어설명 (일반)보장성 보험

① 생명보험, 상해보험, 화재도난 기타의 손해를 담보하는 손해보험계약에 의해 보험자에게 지급되는 보험계약일 것
② 만기에 환급되는 금액이 납입보험료를 초과하지 않을 것
③ 보험계약 또는 보험료납입영수증에 보험료공제대상임이 표시된 보험일 것

용어설명 장애인전용보장성 보험

① 생명보험, 상해보험, 화재도난 기타의 손해를 담보하는 손해보험계약에 의해 보험자에게 지급되는 보험계약일 것
② 만기에 환급되는 금액이 납입보험료를 초과하지 않을 것
③ 기본공제대상자 중 장애인을 피보험자 또는 수익자로 하는 보험일 것
④ 보험계약 또는 보험료납입영수증에 장애인전용보험으로 표시된 보험일 것

(2) 보험료 공제 관련 증빙 및 확인 절차

세법상 장애인전용보장성보험에 대한 보험료 공제를 적용받기 위해서는 보장성보험료에 해당하는 보험으로서 보험계약 또는 보험료납입영수증에 장애인전용보험으로 표시된 영수증을 제출해야 한다. 그러나 국세

청 연말정산간소화서비스에서 조회되는 '보장성보험(장애인전용보장성보험)'은 일반 보장성 보험과 장애인전용 보장성 보험이 구분되어 나타나므로, 구분된 해당 영수증을 통해 각각 100만원을 한도로 공제 받고 별도의 추가적인 납입영수증 제출이 필요하지 않을 것으로 판단된다.

만약 한 건의 보험에 대하여 장애인전용보장성보험에 가입하신 경우 100만원을 한도로 공제받으실 수 있고, 두 건의 보험에 대하여 장애인전용보장성보험에 가입하신 경우에는 200만원(한 건은 일반보장성보험으로 간주)을 한도로 공제받을 수 있다.

단, 동일한 계약 건으로 보장성보험소득공제와 장애인전용소득공제를 중복으로 적용받는 것은 불가하다.

(3) 보험료 한도 계산 사례

구 분	자녀 1	자녀 2
상황1	일반보장성보험 150만원 지출	일반보장성 보험 150만원 지출
	모두 일반보장성 보험일 경우 총 100만원 한도로 공제	
상황2	장애인전용보장성보험 150만원 지출	장애인전용보장성보험 150만원 지출
	장애인전용보장성보험도 일반보장성보험에도 해당되기 때문에 자녀1은 일반보장성보험료 공제를 100만원, 자녀2는 장애인전용보장성보험 100만원을 공제받음	
상황3	일반보장성보험 150만원 지출	장애인전용보장성보험 150만원 지출
	위 상황2와 동일함.	

■ 소득세법 시행규칙 [별지 제42호서식(1)] <개정 2011.3.28>

보험료납입증명서
[ ]보장성보험 [ ]장애인전용보장성보험

계약자	① 성 명		② 주 민 등 록 번 호 (납 세 번 호)	
	③ 주 소			

피보험자	④ 성 명		⑤ 주 민 등 록 번 호	⑥계약자와관계
납입자	⑦ 성 명		⑧ 주 민 등 록 번 호 (납 세 번 호)	
	⑨ 납부방법		자동이체, 카드 등	

⑩보험종류	⑪증권번호	⑫계약기간
		년 월 일부터 년 월 일까지

(   )년도 보험료 납입현황

⑬ 월별	⑭ 납입일자	⑮ 납입보험료	⑯ 비 고	⑰ 월 별	⑱ 납입일자	⑲ 납입보험료	⑳ 비 고
1				7			
2				8			
3				9			
4				10			
5				11			
6				12			
㉑ 연간합계액				사 용 목 적	보 험 료 공 제 신 청 용		

「소득세법 시행령」제113조제1항에 따라 위와 같이 보험료를 납입하였음을 증명하여 주시기 바랍니다.

년   월   일

신청인   (서명 또는 인)

귀하

위와 같이 보험료를 납입하였음을 증명합니다.

년   월   일

보험자   (서명 또는 인)

작 성 방 법

1. 납입자란은 보험 계약자와 보험료 납입자가 다른 것으로 확인된 경우에 적습니다.
2. 해당 연도 중도에 납입자, 계약자 등이 변경된 경우에는 별지로 작성하여야 합니다.
3. 피보험자란은 주피보험자를 기준으로 작성하며, 주피보험자가 2명 이상인 경우에는 별지로 작성하되,
   이 경우 보험료 납입료는 보험 계약에 의해 피보험자별로 구분하여 적습니다.

210㎜×297㎜(일반용지 60g/㎡(재활용품))

(4) 장애인 전용보험료 가입 관련 (우정사업본부 우체국보험을 중심으로)

장애인 전용보험상품을 취급하고 있는 일부 생보사와 손해보험사가 있다. 각 보험사별 취급내용에 대해서는 해당 금융기관에 문의하여 자세한 상담을 받아 가입하는 것이 바람직하다.

다만 여기서는 정부직영행태의 우정사업본부 우체국보험을 중심으로 간략한 보험상품을 소개하고자 한다.

[장애인전용] 무배당 어깨동무보험

가. 무배당 어깨동무보험의 특징

1) 가입자 선택의 폭 확대 : 부양자 사망시 장애인에게 생활안정자금을 지급하는 '생활보장형'과 장애인의 암발병시 치료비용을 지급하는 '암보장형', 장애인의 재해사고시 사망은 물론 각종 치료비도 보장하는 '상해보장형' 중 여건에 맞게 가입 가능

2) 장애인에게 적용되는 가입장벽 완화 : 보험가입시 장애인에게 적용되는 고지사항을 생략하거나 최대한 완화하여 가입 가능

3) 장애인전용보험만의 폭넓은 세제혜택 : '납입보험료 근로소득 공제'(연간 100만원 한도), '증여세 면제'(보험수익자가 장애인인 경우 연간 4,000만원 한도) 등 장애인전용보험만의 폭넓은 세제혜택

4) 가입나이 확대 : 가입나이를 확대하여 어린이와 고령자도 가입 가능

5) 저렴한 보험료 : 장애로 인한 추가지출이 많은 장애인 가구의 경제적 여건을 고려하여 보험료 대폭 인하

6) 건강진단자금 지급 : 상해보장형의 경우 매 2년마다 건강진단자금을 지급하므로 각종 질환의 조기진단 및 사전예방 자금으로 활용 가능

나. 가입조건

1) 가입요건

보험종류	보험기간	가입나이		납입기간	납입주기
1종(생활보장형)	10년만기 20년만기 80세만기	주피보험자	만15~ 60세	일시납 5년납 10년납 20년납	일시납 월 납
		장 애 인	0~70세		
2종(암보장형)		0~70세			
3종(상해보장형)	10년만기	만15~70세		5년납	월 납

* 1종, 2종 : 50세 이상 가입자의 경우 80세만기 5년납에 한함

2) 가입한도액

1종(생활보장형)	2,000만원 (500만원 단위)
2종(암보장형)	3,000만원 (500만원 단위)
3종(상해보장형)	1,000만원 (500만원 단위)

다. 보장내용

1) 1종(생활보장형)　　　　　　　　　(보험가입금액 1,000만원 기준)

지급구분	지 급 사 유	지 급 액
장애인 생활안정자금	주피보험자가 사망하고 장애인 생존시	1,000만원
장해급부금	주피보험자가 재해로 장해가 되고 장애인 생존시	1,000만원 × 해당 장해지급률
만기급부금	장애인 만기 생존시	이미 납입한 보험료

* 1. 장애인 사망시 : 이미 납입한 보험료 지급
  2. 보험료 납입면제 : 보험료 납입기간 중 주피보험자가 사망하거나 동일한 재해 또
     는 재해이외의 동일한 원인으로 여러 신체부위의 합산 장해지급률이 50%이상인
     장해상태가 되었을 때

2) 2종(암보장형)　　　　　　　(보험가입금액 1,000만원 기준)

지급구분	지 급 사 유	지 급 액	
암치료 보험금	암보장개시일 이후에 최초로 암진단 확정시(최초 1회에 한함)	1년미만	300만원
		2년미만	700만원
		2년이상	1,000만원
	보험기간 중 최초로 갑상샘암, 기타피부암, 상피내암 또는 경계성 종양으로 진단 확정시 (각각 최초 1회에 한함)	1년미만	90만원
		2년미만	210만원
		2년이상	300만원
만기급부금	만기생존시	이미 납입한 보험료	

* 1. 피보험자 사망시 : 책임준비금 지급
　2. 암보장개시일은 보험계약일(부활(효력회복)일)로부터 그 날을 포함하여 90일이
　　지난날의 다음날로 하며, 피보험자 나이가 15세미만인 경우 암보장개시일은 보
　　험계약일(부활(효력회복)일)로 함
　3. 피보험자에게 암치료보험금 지급사유가 발생(단, 갑상샘암, 기타피부암, 상피내암
　　및 경계성 종양으로 진단확정 받은 경우는 제외)하였거나 피보험자가 사망하였
　　을 경우에는 이 계약은 그 때로부터 효력을 가지지 아니함
　4. 보험기간 중 피보험자가 보장개시일(암의 경우 암보장개시일) 이후에 사망하고,
　　그 후에 암, 갑상샘암, 기타피부암, 상피내암 또는 경계성 종양으로 인하여 사망한
　　사실이 확인된 경우에는 그 사망일을 진단확정일로 보고 암치료보험금을 지급함.
　　그러나 보장개시일(암의 경우 암보장개시일)의 전일 이전에 암, 갑상샘암, 기타피
　　부암, 상피내암 또는 경계성 종양으로 진단 확정된 경우에는 그러하지 아니함

3) 3종(상해보장형)　　　　　　　(보험가입금액 1,000만원 기준)

지급구분	지 급 사 유	지 급 액
재해사망보험금	재해로 사망시	1,000만원
재해수술급부금	재해로 수술시 (수술 1회당)	50만원
재해골절치료자금	재해로 골절시 (사고 1회당)	10만원
건강진단자금	가입 후 매2년마다 계약해당일에 살아있을 때	10만원

* 1. 피보험자가 재해이외의 원인으로 사망시 : 이미 납입한 보험료 지급
　2. 피보험자가 사망하였을 경우 이 계약은 그때로부터 효력을 가지지 아니함
　3. 동시에 두 종류 이상의 수술을 받은 경우에는 1회의 재해수술급부금만을 지급
　4. 동일한 재해로 인하여 두 가지 이상의 골절(복합골절)상태가 되더라도 재해골절

치료자금은 1회만 지급하며, 의학적 처치 및 치료를 목적으로 골절시키는 경우에는 재해 골절치료자금을 지급하지 아니함

5. 재해골절에서 치아의 파절은 제외

라. 가입자의 자격요건

1) 장애인의 범위 : "장애인복지법" 제32조에 의하여 등록한 장애인 및 "국가 유공자등예우및지원에관한법률" 제6조에 의하여 등록한 상이자

2) 청약시 구비서류 : 장애인등록증, 장애인복지카드 또는 국가유공자증 사본
   - 상이자의 경우, 국가유공자증에 기재된 상이등급(1~7급)으로 확인

3) 1종(생활보장형)의 경우, "계약자 = 주피보험자"이어야 함

4) 1종(생활보장형) "장애인생활안정자금"의 보험수익자는 장애인으로 한정되며, 변경 불가

2. 의료비 공제

의료비 공제는 근로소득자, 성실사업자(일정요건 충족) 그리고 성실신고확인대상자를 대상으로 하며 연령과 소득금액의 제한을 받지 않는다.

의료비 공제는 일반의료비공제와 특정의료비 공제로 구분되며 각 공제액을 설명하면 다음과 같다.

(1) 일반의료비 공제액

구 분	내 용	
규 정	일반의료비공제액 (둘 중 작은 금액) ① 일반의료비 지출액 - 총급여액×3% ② 700만원	
의료비지출액	의료비 지출액은 해당연도에 지급한 금액으로 한다.	
총급여액	해당 연도 총급여액 = 근로소득 - 비과세 근로소득 (성실사업자 등 사업소득금액 = 총수입금액 - 필요경비)	
의 료 비	공제대상 의료비	비공제대상 의료비
	① 질병의 예방 및 치료에 지출한 의료비 ② 치료 요양을 위한 의약품(한약 포함) 구입비 ③ 시력보정용 안경, 콘택츠렌즈 구입을 위하여 안경사에게 지 출한 비용 (1명당 연 50만원 이내의 금액) ④ 장애인의 보장구 구입 및 임차 비용 ⑤ 보청기 구입비용 ⑥ 의사, 치과의사, 한의사 등의 처방에 따라 의료용구를 직접 구입 또는 임차하기 위하여 지 출한 비용	① 외국의 의료기관에 지출한 의 료비 ② 성형수술비 ③ 건강증진을 위한 의약품 구입비

(2) 특정의료비 공제액

다음에 해당하는 특정의료비 지출액이 있는 경우에는 해당 의료비 전액을 공제받을 수 있다.

① 본인의료비

② 장애인의료비

③ 65세 이상인 자의 의료비

(3) 유의점

일반의료비 지출액이 총급여액의 3%에 미달하는 경우에는 미달하는 금액 상당액은 특정의료비 공제를 적용받을 수 없다. 따라서 특별의료비공제는 다음과 같이 적용하게 된다.

① 일반의료비 지출액 – 총급여액 × 3% 〉0

이 경우에는 특정의료비 지출액 전액을 공제받는다.

특정의료비 지출액 전액 공제받는 경우

갑은 총급여액 3천만원, 일반의료비 지출액 (배우자의료비 100만원), 장애인 자녀 의료비 지출액 500만원일 경우 공제받을 수 있는 의료비공제액을 계산하라.

일반의료비 공제액 : 100만원 – 3천만원 × 3% = 10만원
특정의료비 공제액 : 500만원 (장애인 의료비)
합   계 : 510만원

② 일반의료비 지출액 – 총급여액 × 3% 〈0

이 경우에는 특정의료비 지출액 – 해당 미달금액에 해당하는 금액을 공제 받는다.

특정의료비 지출액 중 일부 차감 공제받는 경우

갑은 총급여액 3천만원, 장애인 자녀 의료비 지출액 500만원일 경우 공제받을 수 있는 의료비공제액을 계산하라.

일반의료비 공제액 : 0원 – 3천만원 × 3% = -90만원
특정의료비 공제액 : 410만원 (= 500만원 - 90만원)
합   계 : 410만원

(4) 장애인 의료비 공제 사례

① 장애인 보장구 및 의사, 치과의사, 한의사 등의 처방에 따라 의료 기기를 직접 구입 또는 임차하기 위하여 지출한 비용은 의료비공 제대상이다.

참고로, 보장구 구입은 장애인을 위한 보장구로 의료기관이 아닌 곳(의료기 상사 등)에서 구입한 것도 공제대상이다. 다만, 장애인 증명서를 발급받지 못한 기본공제대상자를 위한 장애인보장구 비용은 공제가능하나 장애인의료비공제가 아니라 일반 의료비로 공 제된다.

② 장애인공제는 장애인복지법상 장애인으로 등록된 경우나 국가유 공자로서 상이자, 그리고 항시 치료를 요하는 중증환자로서 진료 기관의 의사로부터 장애인증명서를 교부받는 경우에 한하여 장애 인 의료비 공제를 적용받을 수 있다.

따라서 국민건강보험공단이 발급하는 중증진료 등록확인증은 암 등 특정질병에 의한 의료비 경감목적의 서류일 뿐 중증진료 등록 확인증으로는 장애인 공제가 되지 않으므로 진료하는 병원의 의 사로부터 장애인증명서를 발급 받아야 장애인 의료비 적용이 가 능하다.

③ 의료비공제를 받기 위한 생계를 같이 하는 부양가족은 주민등록 표의 동거가족으로서 해당 거주자의 주소 또는 거소에서 현실적 으로 생계를 같이 하는 사람이다.

부친과 형제를 실제로 부양하는 경우 부친의 경우에는 주거형편 상 별거를 하더라도 현실적으로 생계를 같이하는 경우 부양가족 으로 보는 것이나 장애인의 형제 및 자매는 주민등록표상의 동거

가족으로서 당해 거주자의 주소 또는 거소에서 현실적으로 생계를 같이 하는 부양가족이어야 한다.

다만 당해 거주자 또는 동거가족이 취학 질병의 요양, 근무상 또는 사업상의 형편 등으로 본래의 주소 또는 거소를 일시 퇴거한 경우 생계를 같이하는 것으로 보는 것이나, 일시 퇴거사유에 해당하지 아니하면 공제대상 부양가족으로 보지 아니할 수 있다.

④ 아래의 장애인보장구에 해당하는 비품은 처방이 없어도 일반의료비로 공제가 가능한 것으로 판단된다.

조세특례제한법 시행령
제105조 【부가가치세 영세율이 적용되는 장애인용 보장구 등】

1. 의수족	13. 청각장애인용 인공달팽이관시스템
2. 휠체어	14. 목발
3. 보청기	15. 성인용 보행기
4. 점자판과 점필	16. 욕창예방물품(매트리스·쿠션 및 침대에 한한다)
5. 시각장애인용 점자정보단말기	
6. 시각장애인용 점자프린터	17. 인공후두
7. 청각장애인용 골도전화기	18. 장애인용 기저귀
8. 시각장애인용으로 특수제작된 화면낭독소프트웨어	19. 텔레비전 자막수신기(국가·지방자치단체 또는 「민법」 제32조의 규정에 의하여 설립된 사단법인 한국농아인협회가 청각장애인에게 무료로 공급하기 위하여 구매하는 것에 한한다)
9. 지체장애인용으로 특수제작된 키보드 및 마우스	
10. 보조기(팔·다리·척추 및 골반보조기에 한한다)	20. 청각장애인용 음향표시장치
	21. 시각장애인용 인쇄물 음성변환 출력기
11. 지체장애인용 지팡이	22. 시각장애인용 전자독서 확대기
12. 시각장애인용 흰지팡이	23. 시각장애인 전용 음성독서기

⑤ 의료기기 구입에 따른 증빙

보청기 또는 장애인보장구 구입비용의 경우에는 사용자의 성명을 판매자가 확인한 영수증과 의료기기 구입비용 또는 임차비용의 경우에는 의사·치과의사·한의사의 처방전과 판매자 또는 임대인이 발행한 의료기기명이 기재된 의료비영수증을 증빙으로 첨부한다.

보충설명 의안 구입비용의 소득공제 대상 의료비 해당 여부

의안은 '장애의 보정'에 사용하는 제품으로 의료기기에 해당하며 근로소득이 있는 거주자가 해당연도에 지출한 비용 중 의사의 처방에 따라 의료기기를 직접 구입 또는 임차하기 위하여 지출한 비용은 의료비 공제대상에 해당한다.
근로소득이 있는 거주자가 해당연도에 지출한 비용 중 의사·치과의사·한의사 등의 처방에 따라 의료기기를 직접 구입 또는 임차하기 위하여 지출한 비용은 의료비 공제대상에 해당하며, 의안은 '장애의 보정'에 사용하는 제품으로 의료기기에 해당하는 것으로 판단된다

[편저자 주]
의료비에 대한 공제는 근로소득자와 사업자 중 일정요건을 충족하는 성실사업자, 성실신고확인대상 사업자에 한하여 공제받을 수 있다. 이에 대한 요건을 완화하여 개인 사업을 영위하는 장애인 사업주까지 확대하여 본인의 의료비 지출액에 대한 공제를 적용 받을 수 있도록 하는 것이 필요하다고 사료된다. 장애치료를 위한 추가 지출액 규모를 고려하여 소득공제 성격으로 차감하여 줄 당위성이 있다고 생각한다. 이후 점진적으로 장애인 의료비 소득공제에 대한 그 대상 범위를 확대하는 방안이 공론화 되어야 할 것이다.

3. 교육비 공제

교육비 공제는 근로소득자와 성실사업자(일정요건 충족) 그리고 성실신고확인대상자가 공제받을 수 있으며 연령은 제한받지 아니하나 소득금액은 100만원 이하의 자만 해당된다.

(1) 일반교육비

거주자 본인(대학원생 포함)은 전액 공제되며 기본공제대상자인 배우자, 직계비속, 형제자매 및 입양자(대학원생 제외)은 대학생은 1명당 연간 900만원, 유치원, 초, 중, 고등학생의 경우 1명당 연간 300만원을 한도로 공제한다.

(2) 직무관련 수강료

해당 거주자를 위하여 직업능력개발훈련시설에서 실시하는 직업능력개발훈련을 위하여 지급한 수강료는 전액을 공제한다. 다만, 고용보험법 시행령 제30조의 2의 규정에 따라 지원되는 근로자수강지원금을 받은 경우에는 이를 차감한 금액으로 한다.

(3) 장애인 특수교육비

기본공제대상자인 장애인 (소득금액의 제한을 받지 않음. 한편 장애인은 본래 기본공제 대상자의 요건 판정시 연령요건은 제한을 받지 않으나 장애인의 기능향상과 행동발달을 위한 발달재활서비스를 제공하는 기관의 교육비는 과세기간 종료일 현재 18세미만인 사람만 해당함)의 특수교육비는 전액을 공제한다.

(4) 중복적용 허용

거주자 본인에게 일반교육비와 직무관련 수강료 또는 장애인특수교육비가 함께 발생한 경우에도 이를 각각 적용받을 수 있다. 또한 기본공제대상자에게 일반교육비와 장애인 특수교육비가 함께 발생한 경우에도 이를 각각 적용할 수 있다.

(5) 공제가능 교육비

① 수업료, 입학금, 보육비용, 수강료 및 그 밖의 공납금
② 초, 중, 고등학생의 학교급식비와 학교에서 구입한 교과서대 및 방과후 학교수강료
③ 중 고등학생의 교복구입비용 (연 50만원 한도)

(6) 공제 불능 교육비

① 직계존속의 교육비 지출액(단, 직계존속의 장애인 교육비는 공제 가능)
② 사설학원수강료(다만, 취학전 아동은 제외)

(7) 장애인 교육비 공제를 받기 위한 제출서류

자녀가 세법상 장애인에 해당함을 입증하여야만이 해당 장애인 교육비공제 대상에 해당될 수 있는 것이다.

이는 반드시「장애인 복지법」에 의한 장애인일 것을 요구하지는 않는다. 항시 치료를 요하는 중증환자로서 의료기관으로부터 '장애인 증명서'를 발급 받는다면 세법상 장애인으로 분류될 수 있는 것이다.

① 현행 세법에서는 장애인교육비 공제를 위한 제출서류로 교육비납입증명서나 사회복지시설 또는 장애인재활교육인정기관 입증 서류를 명시하고 있다.
② 사회복지시설이나 장애인재활교육기관이 아니다 하더라도, 해당 교육기관이 장애인특수교육기관에 해당하는 시설 또는 법인임을 입증할 수 있는 서류를 제출하면 연말정산시 장애인교육비공제를 받을 수 있다.

사례

언어치료실의 교육을 받고 있는 경우 연말정산시 장애인 특수교육비를 소득공제 받을 수 있는 것인지?

자녀에 대해 장애인등록을 한 경우 언어치료 교육비를 장애인 특수 교육비로서 공제받을 수 있는 것이므로, 아래의 요건을 충족하는지 검토하여야 한다.

① 장애인특수교육비공제는 장애인에 해당하는 부양가족을 위하여 장애인교육기관에서 지출한 비용을 공제받는 것이다. 따라서 장애인교육비를 공제받기 위해서는 언어 장애인이라도 장애인이란 증명서류가 첨부되어야 하는 것이며, 장애인 복지법에 의한 장애인등록증 사본, 항시치료를 요하는 중증환자의 경우 장애인증명서를 의료기관에서 발급받아 제출하여야 하는 것이다

② 장애인 특수교육비에 해당하기 위해서는 사회복지사업법에 따른 사회복지시설이나 민법에 따라 설립된 비영리 법인으로서 보건복지부 장관이 장애인 재활교육을 실시하는 기관으로 인정한 법인이면 되는 것이다. 특수교육비를 지출한 교육기관 등이 공제대상 교육기관에 해당하는 경우 교육비 공제가 가능한 것으로 자녀가 치료받은 언어치료 교육기관이 이에 해당하는 지는 해당 교육기관에서 확인하여야 한다.

③ 자녀가 장애인으로 등록되지 않는 경우에는 언어치료 교육비를 일반 교육비로서 공제 가능한지를 확인하여야 한다. 이 경우에는 취학전 아동만 가능하다.

④ 장애인 특수교육비는 사업복지시설 및 보건복지부장관이 장애인재활교육기관으로 인정한 비영리법인, 또는 이와 유사한 외국에 있는 시설 및 법인에 지출한 금액이 공제가 된다. 그러므로 일반 시설교육기관에 지출한 금액은 공제대상이 아니다.

사례

장애아 A(10세)는 희귀 난치병의 장애로 언어치료를 받고 있다. 해당 언어치료는 일반 시설기관을 이용하고 있다. 이 경우 장애인 특수교육비 공제를 받을 수 있는지?

장애인 특수교육비 공제를 받을 수 있는 장애인 교육기관은 사회복지사업법에 따른 사회복지시설이거나, 보건복지부장관이 장애인재활교육을 실시하는 기관으로 인정한 비영리법인이어야 한다. 또한 '장애인아동복지법' 제21조에 따라 지자체가 지정한 장애아동 발달재활서비스 제공기관에 장애아동 발달재활서비스 이용료를 지급한 내

역을 교육비 공제가 허용된다. 이에 해당하는지는 직접 해당 기관에 문의하여 확인
하여야 한다.

---

4. 기부금(소득세법상 지정기부금 중 장애인 관련 중심으로 서술)

기부금 공제는 특별공제 신청을 한 근로소득이 있는 거주자와 근로
소득이 없는 종합소득자로서 기부금 지출액이 있는 거주자가 적용 받
을 수 있다.

기본공제 대상자인 배우자와 직계비속, 동거입양자가 지출한 기부금
을 포함한다.

(1) 기부금의 종류

1) 법정기부금

① 법인세법상 법정기부금

② 재난 및 안전관리기본법에 따른 특별재산지역의 복구를 위하여
   자원봉사한 경우 그 용역의 가액

③ 정치자금

[법정기부금 한도액 계산]
기준소득금액 = 종합소득금액 + 필요경비에 산입한 기부금 - 원천징수세율 적용 금융
소득금액

2) 지정기부금

① 지정기부금 중 장애인 관련 내용만 살펴보면 다음과 같다.

사회복지시설 또는 기관 중 무료 또는 실비로 이용할 수 있는 시설 또는 기관에 기부하는 금품의 가액으로 장애인복지법 제58조 제1항에 따른 장애인복지시설.

다만, 다음의 시설은 제외한다.
① 비영리법인(「사회복지사업법」 제16조제1항에 따라 설립된 사회복지법인을 포함한다) 외의 자가 운영하는 장애인 공동생활가정
② 「장애인복지법 시행령」 제36조에 따른 장애인생산품 판매시설
③ 장애인 유료복지시설

[지정기부금 한도액]
① 종교단체에 기부한 금액이 있는 경우
(기준소득금액 - 법정기부금 등) × 10% + min[(기준소득금액 - 법정기부금 등) X 20%, 종교단체 외에 기부한 금액]
② 종교단체 이외에 기부한 금액의 경우(기준소득금액 - 법정기부금 등) × 30%

② 기부금 공제 한도초과액은 이월하여 해당 기부금 한도미달액의 범위내에서 사업소득자는 필요경비에 산입할 수 있고 근로소득이 있는 자는 사업자와 동일하게 이월하여 기부금공제를 적용받을 수 있다. (지정기부금 : 5년, 법정기부금 : 3년)

 **보충설명** 법인의 지정기부금 손금산입

법인의 장애인 복지시설에 대한 기부금은 (기준소득금액-법정기부금)의 10% 한도로 공제한다.

[편저자 주]
법인세법과 소득세법상 장애인 복지시설 등 관련 단체에 대한 기부금의 한도를 상향조정하고 손금 및 필요경비 그리고 소득공제 범위를 확대하여 해당 시설 및 단체에 대한 기부문화를 활성화 하는 방안이 필요하다.

5. 신용카드 등 사용금액에 대한 소득공제

(1) 의의

근로소득이 있는 거주자가 2014년 12월 31일까지 재화나 용역을 제공받고 신용카드 등의 사용금액이 해당 과세연도의 총급여액의 25%를 초과하는 경우에는 신용카드 등 사용금액에 대한 소득공제를 적용받을 수 있다.

(2) 사용자 범위

① 본인, 배우자 또는 생계를 같이하는 직계존비속 (배우자의 직계존속 포함)

② 본인 이외의 자는 소득요건은 적용되나, 연령요건은 적용하지 않으며, 직계존비속의 경우 다른 거주자의 기본공제대상자가 되는 자는 제외한다.

③ 형제 자매는 사용자 범위에 포함되지 아니한다.

(3) 사례 검토

사례

거주자의 직계비속 및 동거입양자와 그 배우자가 모두 장애인으로 근로자의 기본공제에 해당하는 경우 신용카드 사용액 등 소득공제 대상 직계존비속의 범위에 포함되는지 여부

장애인 직계비속의 장애인 배우자가 사용한 신용카드 등 사용금액은 소득공제 되는 신용카드 등 사용금액에 포함되지 아니한다.

　장애인이 일반 사업체에 근무함으로 인해 근로의 대가로 수당을 수령하는 경우 명목상 장애인수당이라고 할지라도 소득세법상 비과세 대상은 소득세법 제12조에서 열거하고 있으므로 열거되지 않은 소득은 과세대상에 해당한다.

　따라서 근로제공 대가로 추가 지급받는 장애인 수당은 소득세법상 비과세로 열거된 바 없으므로 과세소득인 총급여에 포함하여야 한다.

[편저자 주] 장애인 수당에 대한 비과세 검토
근로소득자인 장애인이 직장을 출퇴근하면서 이동하는데 필요한 추가적 비용을 해당 사업장에서 보전할 경우 이를 실비변상적인 성질로 분류하여 기존의 비과세되는 자가 운전보조금 20만원과는 별도로 비과세를 적용하는 것에 대한 논의가 필요한 시점이라 생각된다.

참고 조문
소득세법의 비과세

제12조 【비과세소득】

다음 각 호의 소득에 대해서는 소득세를 과세하지 아니한다.

1. 「신탁법」 제106조에 따른 공익신탁의 이익

2. 사업소득 중 다음 각 목의 어느 하나에 해당하는 소득

　가. 논·밭을 작물 생산에 이용하게 함으로써 발생하는 소득

　나. 1개의 주택을 소유하는 자의 주택임대소득(제99조에 따른 기준시가가 9억원을 초과하는 주택 및 국외에 소재하는 주택의 임대소득은 제외한다). 이 경우 주택 수의 계산 및 주택임대소득의 산정 등 필요한 사항은 대통령령으로 정한다.

　다. 대통령령으로 정하는 농가부업소득

　라. 대통령령으로 정하는 전통주의 제조에서 발생하는 소득

　마. 조림기간 5년 이상인 임지(林地)의 임목(林木)의 벌채 또는 양도로 발생하

는 소득으로서 연 600만원 이하의 금액. 이 경우 조림기간 및 세액의 계산 등 필요한 사항은 대통령령으로 정한다.

3. 근로소득과 퇴직소득 중 다음 각 목의 어느 하나에 해당하는 소득

　가. 대통령령으로 정하는 복무 중인 병(兵)이 받는 급여

　나. 법률에 따라 동원된 사람이 그 동원 직장에서 받는 급여

　다. 「산업재해보상보험법」에 따라 수급권자가 받는 요양급여, 휴업급여, 장해급여, 간병급여, 유족급여, 유족특별급여, 장해특별급여, 장의비 또는 근로의 제공으로 인한 부상·질병·사망과 관련하여 근로자나 그 유족이 받는 배상·보상 또는 위재(慰藉)의 성질이 있는 급여

　라. 「근로기준법」 또는 「선원법」에 따라 근로자·선원 및 그 유족이 받는 요양보상금, 휴업보상금, 상병보상금(傷病補償金), 일시보상금, 장해보상금, 유족보상금, 행방불명보상금, 소지품 유실보상금, 장의비 및 장제비

　마. 「고용보험법」에 따라 받는 실업급여, 육아휴직 급여, 출산전후휴가 급여, 「제대군인 지원에 관한 법률」에 따른 전직지원금, 「국가공무원법」·「지방공무원법」에 따른 공무원 또는 「사립학교교직원 연금법」·「별정우체국법」을 적용받는 사람이 관련 법령에 따라 받는 육아휴직수당

　바. 「국민연금법」에 따라 받는 반환일시금(사망으로 받는 것만 해당한다) 및 사망일시금

　사. 「공무원연금법」, 「군인연금법」, 「사립학교교직원 연금법」 또는 「별정우체국법」에 따라 받는 요양비·요양일시금·장해보상금·사망조위금·사망보상금·유족보상금·유족일시금·유족연금일시금·유족연금부가금·유족연금특별부가금·재해부조금·재해보상금 또는 신체·정신상의 장해·질병으로 인한 휴직기간에 받는 급여

　아. 대통령령으로 정하는 학자금

　자. 대통령령으로 정하는 실비변상적(實費辨償的) 성질의 급여

　차. 외국정부(외국의 지방자치단체와 연방국가인 외국의 지방정부를 포함한다. 이하 같다) 또는 대통령령으로 정하는 국제기관에서 근무하는 사람으로서 대통령령으로 정하는 사람이 받는 급여. 다만, 그 외국정부가 그 나라에서 근무하는 우리나라 공무원의 급여에 대하여 소득세를 과세하지 아니하는 경우만 해당한다.

　카. 「국가유공자 등 예우 및 지원에 관한 법률」 또는 「보훈보상대상자 지원에 관한 법률」에 따라 받는 보훈급여금·학습보조비

타. 「전직대통령 예우에 관한 법률」에 따라 받는 연금

파. 작전임무를 수행하기 위하여 외국에 주둔 중인 군인·군무원이 받는 급여

하. 종군한 군인·군무원이 전사(전상으로 인한 사망을 포함한다. 이하 같다)한 경우 그 전사한 날이 속하는 과세기간의 급여

거. 국외 또는 「남북교류협력에 관한 법률」에 따른 북한지역에서 근로를 제공하고 받는 대통령령으로 정하는 급여

너. 「국민건강보험법」, 「고용보험법」, 「국민연금법」, 「공무원연금법」, 「사립학교교직원 연금법」, 「군인연금법」, 「근로자퇴직급여 보장법」, 「과학기술인공제회법」 또는 「노인장기요양보험법」에 따라 국가·지방자치단체 또는 사용자가 부담하는 부담금

더. 생산직 및 그 관련 직에 종사하는 근로자로서 급여 수준 및 직종 등을 고려하여 대통령령으로 정하는 근로자가 대통령령으로 정하는 연장근로·야간근로 또는 휴일근로를 하여 받는 급여

러. 대통령령으로 정하는 식사 또는 식사대

머. 근로자 또는 그 배우자의 출산이나 6세 이하(해당 과세기간 개시일을 기준으로 판단한다) 자녀의 보육과 관련하여 사용자로부터 받는 급여로서 월 10만원 이내의 금액

버. 「국군포로의 송환 및 대우 등에 관한 법률」에 따른 국군포로가 받는 보수 및 퇴직일시금

서. 「교육기본법」 제28조제1항에 따라 받는 장학금 중 대학생이 근로를 대가로 지급받는 장학금(「고등교육법」 제2조제1호부터 제4호까지의 규정에 따른 대학에 재학하는 대학생에 한한다)

4. 기타소득 중 다음 각 목의 어느 하나에 해당하는 소득

가. 「국가유공자 등 예우 및 지원에 관한 법률」 또는 「보훈보상대상자 지원에 관한 법률」에 따라 받는 보훈급여금·학습보조비 및 「북한이탈주민의 보호 및 정착지원에 관한 법률」에 따라 받는 정착금·보로금(報勞金)과 그 밖의 금품

나. 「국가보안법」에 따라 받는 상금과 보로금

다. 「상훈법」에 따른 훈장과 관련하여 받는 부상(副賞)이나 그 밖에 대통령령으로 정하는 상금과 부상

라. 「발명진흥법」 제2조제2호에 따른 직무발명으로 받는 다음의 보상금

　　1) 종업원이 「발명진흥법」 제15조에 따라 사용자로부터 받는 보상금

2) 대학의 교직원이 소속 대학에 설치된 「산업교육진흥 및 산학연협력촉진에 관한 법률」에 따른 산학협력단으로부터 같은 법 제32조에 따라 받는 보상금

마. 「국군포로의 송환 및 대우 등에 관한 법률」에 따라 국군포로가 받는 정착금과 그 밖의 금품

바. 「문화재보호법」에 따라 국가지정문화재로 지정된 서화·골동품의 양도로 발생하는 소득

사. 서화·골동품을 박물관 또는 미술관에 양도함으로써 발생하는 소득

연금소득

종합과세 되는 소득 중 연금소득이 있으나 다음의 소득에 대해서는 비과세한다.

① 「국민연금법」에 따라 받는 유족연금 및 장애연금
② 「공무원연금법」, 「군인연금법」, 「사립학교교직원 연금법」 또는 「별정우체국법」에 따라 받는 유족연금, 장해연금 또는 상이연금 (傷痍年金)
③ 「산업재해보상보험법」에 따라 받는 각종 연금
④ 「국군포로의 송환 및 대우 등에 관한 법률」에 따른 국군포로가 받는 연금
⑤ 「국민연금과 직역연금의 연계에 관한 법률」에 따라 받는 연계노령유족연금 및 연계퇴직유족연금

보충설명 장애인 연금제도

1. 장애인연금제도란?
   중증장애인에게 근로능력의 상실 또는 현저한 감소로 인하여 줄어드는 소득과 장애로 인하여 추가로 드는 비용을 보전하기 위하여 매월 일정액의 연금을 지급하는 사회보장제도

2. 대상자
   18세 이상의 등록한 중증장애인(장애등급 1급, 2급 및 3급 중복장애) 중 본인과 배우자의 소득인정액(= 소득평가액 + 재산의 소득환산액, 단독가구 551,000원, 부부가구 881,600원)이 선정기준액 이하인 자 (국민기초생활보장수급자 또는 차상위계층이 아닌 자)

3. 장애인연금의 종류 및 내용
   (1) 기초급여
      근로능력의 상실 또는 현저한 감소로 인하여 줄어드는 소득을 보전해 주기 위하여 지급하는 급여

   (2) 부가급여
      장애로 인하여 추가로 드는 비용의 전부 또는 일부를 보전해 주기 위하여 지급하는 급여

제5절   장애인 관련 사업소득 관련 종합소득세 신고

사업소득자에 대한 종합소득세 신고 방법은 일반적으로 다음과 같이 3가지로 구분된다.

① 단순경비율법
② 기준경비율법
③ 장부 기장 (간편장부대상자와 복식부기의무자)

(1) 단순경비율

수입금액에서 수입금액에 단순경비율을 곱한 금액을 공제한 금액을 소득금액으로 계산한다.

> 소득금액 = 수입금액 - (수입금액 × 단순경비율)

단순경비율 적용 대상사업자는 다음과 같다.

(2) 기준경비율

수입금액에서 다음의 금액을 공제한 금액을 소득금액으로 한다.

> 소득금액 = 수입금액 - 매입비용 등 - (수입금액 × 기준경비율)

여기서 매입비용 등이란
① 매입비용(사업용 고정자산의 매입비용 제외)과 사업용 고정자산에

대한 임차료로서 증명서류에 의하여 지출하였거나 지출한 금액

② 종업원의 급여와 임금 및 퇴직급여로서 증명서류에 의하여 지급하였거나 지급할 금액

상기의 수입금액에는 다음의 금액을 가산한 것으로 한다.

① 사업과 관련하여 국가 및 지방자치단체로부터 지급받은 보조금 또는 장려금

② 사업과 관련하여 동업자단체 또는 거래처로부터 지급받는 보조금과 장려금

③ 부가가치세법의 규정에 따라 신용카드매출전표를 교부함으로 인하여 공제받은 부가가치세액

 **보충설명** 단순경비율 적용대상자

위 소득금액의 추계방법 중 단순경비율은 다음의 사업자에 한하여 적용한다.

① 신규로 사업을 개시한 자로서 해당 과세기간의 수입금액이 간편장부대상자에 해당하는 자
② 직전 과세기간의 수입금액이 다음에 미달하는 사업자
- 농업 및 임업, 어업, 광업, 도매업 및 소매업, 부동산매매업 등 : 6천만원
- 제조업, 숙박 및 음식점업, 건설업, 운수업, 통신업, 금융 및 보험업 : 3천600만원
- 부동산임대업, 사업서비스업, 교육서비스업, 보건 및 사회복지사업 등 : 2천400만원

(3) 단순경비율 적용시 장애인 특례

소득세 확정신고시 장애인의 경우 단순경비율을 적용할 때 다음과 같이 재계산한 경비율이 적용된다.

$$단순경비율 + (100\% - 단순경비율) \times 20\%$$

예를 들어 단순경비율이 90%인 경우 장애인은 90% + (100% - 90%) × 20% = 92%가 적용되는 것이다.

구 분	일반 단순경비율 적용시	장애인 단순경비율 적용시
수입금액	20,000,000	20,000,000
필요경비	18,000,000	18,400,000
계산근거 (90%가정)	2천만원 × 90%	2천만원 × 92%
소득금액	2,000,000	1,600,000

(4) 장부기장 (복식부기의무자 중심으로 설명)

수입금액이 일정금액 이상의 경우 복식부기의무자로 사업 관련 수입금액과 필요경비를 장부에 기장하여 사업소득금액을 산정한다.

여기서는 장애인 관련 사항으로 필요경비로 처리 가능한 사항을 중심으로 설명한다.

보충설명 간편장부대상자의 범위

사업자는 복식부기의무자와 간편장부대상자로 구분되는데, 간편장부대상자란 다음의 사업자를 말한다.
① 해당 연도에 신규로 사업을 개시한 사업자
② 직전 연도 수입금액의 합계액이 다음에 미달하는 사업자

기준금액	해당 업종
3억원	① 농업, 수렵업 및 임업(산림소득 포함), 어업, 광업, 도소매업, 부동산매매업, 그 밖에 ②, ③에 해당하지 않는 사업
1억5천만원	② 제조업, 숙박 및 음식점업, 전기 가스 및 수도사업, 건설업, 소비자용품수리업, 운수, 창고 및 통신업, 금융 및 보험업
7천5백만원	③ 부동산임대업, 사업서비스업, 교육서비스업, 보건 및 사회복지사업, 오락, 문화, 운동관련 서비스업과 기타 공공, 수리 및 개인서비스업, 가사서비스업

1) 해외여행 동반자 여비처리

사업자 또는 종업원의 업무 수행상 필요하다고 인정되는 해외여행에 그 친족 또는 그 업무에 상시 종사하고 있지 아니하는 자를 동반한 경우에 그 동반자와의 여비를 사업자가 부담하는 때에는 그 여비는 사업자에 대하여는 출자금의 인출로 하며 종업원에 대하여는 당해 자의 급여로 한다.

다만, 그 동반이 다음 각호의 1에 해당되는 경우와 같이 해외여행의 목적을 달성하기 위하여 필요한 동반이라고 인정되는 때에는 그러하지 아니한다.

① 사업자 또는 종업원이 상시 보좌를 필요로 하는 신체장애인인 경우
② 국제회의의 참석 등에 배우자를 필수적으로 동반하도록 하는 경우
③ 그 여행의 목적을 수행하기 위하여 외국어에 능숙한 자 또는 고도의 전문적 지식을 갖춘 자를 필요로 하는 경우에 그러한 적임자가 종업원 가운데 없기 때문에 임시로 위촉한 자를 동반하는 경우

2) 장애인 자녀 명의의 차량을 사업소득자가 이용하고 있는 경우 차량에 들어가는 세금, 유류대 등의 경비를 사업장의 필요경비 처리여부

차량의 사업관련성 여부에 따라 판단하여야 할 것으로, 사업과 관련되는 것이 명백하지 아니하거나 주로 가사에 관련되는 것으로 인정되는 때에는 필요경비에 산입할 수 없다.

3) 차량의 장애인 관련 특수장비 설치비용

취득가액이 거래단위별로 100만원 이하인 사업용 자산을 그 사업에 사용한 날이 속하는 사업연도의 손금으로 계상한 경우 이를 손금에 산

입한다. 즉 100만원을 기준으로 이하는 구입한 시점의 비용으로 처리 가능하고 100만원 초과시 자산(차량운반구)처리 후 감가상각을 통해 비용화한다.

수선비의 경우 다음의 지출은 비록 자본적 지출에 해당하는 것이라 할 지라도 이를 수익적 지출로 할 수 있다. 즉 지출액 모두를 비용처리할 수 있다.

① 개별자산별로 수선비로 지출한 금액이 300만원 미만인 경우
② 개별자산별로 수선비로 지출한 금액이 직전 사업연도 종료일 현재 재무상태표상 자산가액(취득가액 - 감가상각누계액)의 5%에 미달하는 경우
③ 3년 미만의 주기적인 수선을 위하여 지출하는 경우

제3장

소득세 경정청구

사례

근로자 '갑'은 2월 연말정산시 암투병중인 아버지(75세, 소득없음)에 대한 장애인공
제를 적용받지 못하였다.
'갑'은 이미 연말정산이 완료된 이후 어떤 조치를 취하여야 하는가?

갑은 아버지가 장애인에 해당되는데도 불구하고 연말정산 시에 장애인공제를 적용받
지 못한 경우에는 5월에 종합소득세신고를 하여 소득공제를 적용받을 수 있다. 만
일 5월에 종합소득세 신고를 하지 아니한 경우에는 주소지 관할세무서 소득세과에
경정청구를 하면 추가로 소득공제를 적용받을 수 있다.

경정청구의 의의 및 기한

1. 의의

경정청구란 당초 신고한 과세표준 및 세액이 과다하게 신고된 경우
또는 결손금액 및 환급세액이 과소한 경우 해당 세액의 경정을 관할세
무서장에게 청구하는 것을 말한다.

2. 경정청구 기한

경정청구는 법정신고기한이 지난 후 3년 이내에 청구하여야 한다.

(단, 후발적 사유의 발생시에는 해당 사유가 발생한 것을 안 날로부터 3월 이내에 청구를 할 수 있다. 장애인 소득공제 미적용으로 인한 경정청구의 대부분은 일반적인 경우에 해당함으로 후발적 사유로 인한 경정청구는 별도로 살펴보지 아니한다.)

3. 경정통지와 불복청구의 제기

(1) 경정통지

경정통지를 받은 세무서장은 그 청구를 받은 날로부터 2개월 이내에 과세표준 및 세액을 결정 또는 경정하거나, 결정 또는 경정하여야 할 이유가 없다는 뜻을 그 청구자에게 통지하여야 한다.

따라서 경정청구만으로 세액의 감액확정력(경정청구서의 제출만으로 바로 환급되는 것이 아니라 과세관청의 확인 후 환급된다는 의미)이 발생하는 것은 아니다.

(2) 불복청구의 제기

만일 경정청구를 한 자가 위의 통지를 받지 못하여 권리 또는 이익을 침해받은 경우에는 국세불복절차에 따라 불복할 수 있다.

4. 경정청구를 위한 준비 서류 (근로자의 경우)

근로자가 경정청구를 하는 경우에는 근로자의 주소지 관할세무서 소득세과에 아래 서류를 제출하면 된다.

1. 과세표준 및 세액의 결정(경정)청구서

2. 당초분 및 수정분 근로소득원천징수영수증(근로소득원천징수영수
   증은 회사로부터 발급받는 것이나 회사로부터 발급받기 어려운
   경우에는 국세청홈택스서비스(www.hometax.go.kr) >'조회서비스'
   >'세금신고내역조회' >'지급명세서' 에서 조회 및 출력가능)
3. 당초분 및 수정분 소득공제신고서
4. 관련 증빙서류 (소득공제증빙서류) : 장애인증명서

[경정청구 흐름] 장애인 소득공제 미반영시

구 분	X3년 2월 연말정산	X3년 5월 종합소득세	3년 내 경정청구	2개월 내 경정통지
근로소득자 (20X2년 귀속)	미반영	경정청구로 반영		
근로소득자 (20X2년 귀속)	미반영	신고하지 못함	경정청구로 반영	환급 (미환급시 불복진행)
사업소득자 (20X2년 귀속)		미반영	경정청구로 반영	환급 (미환급시 불복진행)

[별지 제16호의2서식] <개정 2010.3.31>　　　　　　　　　　　　　　　　　　　　　　(앞 쪽)

과세표준 및 세액의 결정(경정)청구서			처리기간
			2개월

청구인	①성　　　　　명		②주민등록번호	③사업자등록번호
			-	
	④주　　　소(거소) 또는 영 업 소			⑤전화번호
	⑥상　　　　　호			

신　　고　　내　　용		
⑦ 법 정 신 고 일		⑧최 초 신 고 일
⑨ 경정(결정)청구이유		

구　　　　분	최　초　신　고	경 정(결 정) 청 구
⑩ 세　　　　　　목		
⑪ 과 세 표 준 금 액		
⑫ 산　　출　　세　　액		
⑬ 가　　산　　세　　액		
⑭ 공 제 및 감 면 세 액		
⑮ 납 부 할 세 액		

⑯ 국세환급금 계좌신고	거래은행	은행　　지점	계좌번호
⑰ 환 급 받 을 세 액			

「국세기본법」제45조의2 및 같은 법 시행령 제25조의3에 따라 위와 같이 신고합니다.

년　　　월　　　일

청구인　　　　　　　　　　(서명 또는 인)

세무서장 귀하

※ 구비서류 : 경정(결정)청구 사유 증명자료	수수료
	없　음

접수증(과세표준 및 세액의 결정(경정)청구서)

성　　　　명		주　　　소	
구 비 서 류	결정(경정)청구사유 증명자료　　　(　　)	접　수　자	
		접 수 일 인	

210㎜×297㎜(일반용지 60g/㎡(재활용품))

작 성 방 법

1. 청구인란의 인적사항(①～⑥)은 청구일 현재의 현황을 기준으로 작성합니다. 다만, 합병 등으로 인하여 상호 등이 변경된 경우에는 종전의 상호 등을( )안에 함께 기입하여 주시기 바랍니다.

2. ⑫ 산출세액 : 각 세법에 따라 계산된 과세표준금액에 해당 세율을 곱하여 산출된 세액을 말합니다.

3. ⑬ 가산세액 : 각 세법에 규정된 의무의 성실한 이행을 확보하기 위하여 그 세법에 따라 산출한 세액에 가산하여 징수하는 금액을 말하며, 가산금은 해당되지 않습니다.

4. ⑭ 공제 및 감면세액 : 특정한 정책목적을 달성하기 위하여 각 세법에 따라 부여하는 세액공제 및 감면세액을 말합니다.

5. ⑮ 납부할 세액 : ⑫ 산출세액에 ⑬ 가산세액을 더하고, ⑭ 공제 및 감면세액을 차감한 세액을 말합니다.

6. ⑯ 국세환급금 계좌신고 : 환급받을 세액이 있는 사업자만 적으며, 환급금액이 2천만원 이상인 경우에는 별도로 "계좌개설신고서"를 제출하여야 합니다.

7. 「국세기본법」 제45조의2제4항에 따라 원천징수세액을 경정청구하는 경우 구비서류(경정청구사유 증명자료)의 예는 다음과 같습니다.
   가. 원천징수의무자가 경정청구하는 경우 :
      수정 원천징수이행상황신고서, 수정 지급조서, 당초분·정정분 소득공제신고서(연말정산 대상이 되는 소득만 해당합니다), 그 밖의 관련 증명서류
   나. 거주자인 원천징수대상자가 경정청구하는 경우 :
      당초분·정정분 원천징수영수증, 당초분·정정분 소득공제신고서(연말정산 대상이 되는 소득만 해당합니다), 그 밖의 관련 증명서류
   다. 비거주자 또는 외국법인인 원천징수대상자가 경정청구하는 경우 :
      당초분·정정분 원천징수영수증, 그 밖의 관련 증명서류

		거주구분	거주자1/비거주자2
	[ ]근로소득 원천징수영수증	거주지국	거주지국코드
관리	[ ]근로소득 지 급 명 세 서	내·외국인	내국인1/외국인9
번호	([ ]소득자 보관용 [ ]발행자 보관용	외국인단일세율적용	여 1 / 부 2
	[ ]발행자 보고용)	국적	국적코드
		세대주여부	세대주1, 세대원2
		연말정산구분	계속근로1, 중도퇴사2

징 수 의무자	①법인명(상 호)				②대 표 자(성 명)		
	③사업자등록번호				④주 민 등 록 번 호		
	⑤소 재 지 (주소)						
소득자	⑥성 명				⑦주 민 등 록 번 호		
	⑧주 소						

	구 분		주(현)	종(전)	종(전)	⑯-1납세조합	합 계
I 근무 처별 소득 명세	⑨근 무 처 명						
	⑩사 업 자 등 록 번 호						
	⑪근 무 기 간		~	~	~	~	~
	⑫감 면 기 간		~	~	~	~	~
	⑬급 여						
	⑭상 여						
	⑮인 정 상 여						
	⑮-1 주식매수선택권 행사이익						
	⑮-2 우리사주조합인출금						
	⑮-3						
	⑮-4						
	⑯ 계						

	구 분						
II 비과 세 및 감면 소득 명세	⑱국외근로	M0X					
	⑱-1 야간근로수당	O0X					
	⑱-2 출산 보육수당	Q0X					
	⑱-4 연구보조비	H0X					
	⑱-5						
	⑱-6						
	~						
	⑱-24						
	⑱-25						
	⑲수련보조수당	Y22					
	⑳비과세소득 계						
	⑳-1 감면소득 계						

	구 분			⑥소 득 세	⑦지방소득세	⑦농어촌특별세
III 세액 명세	⑥결 정 세 액					
	기납부 세액	⑥종(전) 근무지 (결정세액 란의 세액 기재)	사업자 등록 번호			
		⑥주(현)근무지				
	⑥차 감 징 수 세 액					

위의 원천징수액(근로소득)을 정히 영수(지급)합니다.

년 월 일

징수(보고)의무자 (서명 또는 인)

세 무 서 장 귀하

210㎜×297㎜(백상지 80g/㎡)

Ⅳ 정산명세 — 좌측

구분					금액
㉑총급여(⑯, 다만 외국인단일세율 적용시에는 연간 근로소득)					
㉒근로소득공제					
㉓근로소득금액					
종합소득공제	기본공제	㉔본 인			
		㉕배 우 자			
		㉖부 양 가 족(명)			
	추가공제	㉗경 로 우 대(명)			
		㉘장 애 인(명)			
		㉙부 녀 자			
		㉚6세 이하(명)			
		㉚-1 출산·입양자(명)			
	㉛다자녀추가공제(명)				
	연금보험료공제	㉜국민연금보험료공제			
		㉜-1기타연금보험료공제	㉮공무원연금		
			㉯군인연금		
			㉰사립학교교직원연금		
			㉱별정우체국연금		
		㉝퇴직연금소득공제	㉮과학기술인공제		
			㉯근로자퇴직급여 보장법에 따른 퇴직연금		
	특별공제	㉞보험료	㉮건강보험료(노인장기요양보험료포함)		
			㉯고용보험료		
			㉰보장성보험		
			㉱장애인전용		
		㉟의료비			
		㊱교육비			
		㊲주택자금	㉮주택임차차입금 원리금상환액	대출기관	
				거주자	
			㉯월세액		
			㉰장기주택저당차입금이자상환액	2011년 이전 차입분 — 15년미만	
				15년~29년	
				30년이상	
				2012년 이후 차입분(15년이상) — 고정리·비거치 상환 대출	
				기타 대출	
		㊳기 부 금			
		㊴			
		㊵ 계			
		㊶표 준 공 제			
	㊷차 감 소 득 금 액				

우측

구분			금액
㊸개인연금저축소득공제			
㊹연금저축소득공제			
㊹-1소기업·소상공인 공제부금 소득공제			
그 밖의 소득공제	㊹-2주택마련저축소득공제	㉮청약저축	
		㉯주택청약종합저축	
		㉰장기주택마련저축	
		㉱근로자주택마련저축	
	㊺투자조합출자등소득공제		
	㊻신용카드등소득공제		
	㊼우리사주조합소득공제		
	㊽장기주식형저축소득공제		
	㊽-1 고용유지중소기업근로자		
㊾그 밖의 소득공제 계			
㊿종합소득 과세표준			
51산 출 세 액			
세액감면	52「소득세법」		
	53「조세특례제한법」(53-1 제외)		
	53-1「조세특례제한법」제30조		
	54 조세조약		
55세 액 감 면 계			
세액공제	56근 로 소 득		
	57납세조합공제		
	58주 택 차 입 금		
	59기부 정치자금		
	60외 국 납 부		
	61		
	62		
63세 액 공 제 계			
결 정 세 액(51-55-63)			

210㎜×297㎜(백상지 80g/㎡)

(3 쪽)

(68)소득공제 명세(인적공제항목은 해당란에 "○"표시를 하며, 각종 소득공제 항목은 공제를 위하여 실제 지출한 금액을 적습니다)

인적공제 항목					각종 소득공제 항목									
관계코드	성 명	기본공제	경로우대	출산입양	자료구분	보험료(건강보험료 등 포함)	의료비	교육비	신용카드 등 사용액 공제					기부금
내·외국인	주민등록번호	부녀자	장애인	6세 이하					신용카드(전통시장 제외)	직불·선불카드(전통시장 제외)	학원비 지로납부액	현금영수증(전통시장 제외)	전통시장 사용액	
인적공제 항목에 해당하는 인원수를 기재 (다자녀 명)					국세청									
					기타									
0		○			국세청									
	(근로자 본인)				기타									
					국세청									
	-				기타									
					국세청									
	-				기타									
					국세청									
	-				기타									

작 성 방 법

「소득세법」 제149조제1호에 해당하는 납세조합이 「소득세법」 제127조제1항제4호 각 목에 해당하는 근로소득을 연말정산하는 경우에도 사용하며, 이 경우 ⑨근무처명 및 ⑩사업자등록번호에는 실제 근무처의 상호 및 사업자번호를 적습니다. 다만, 근무처의 사업자등록이 없는 경우 납세조합의 사업자등록번호를 적습니다.

1. 거주지국과 거주지국코드는 근로소득자가 비거주자에 해당하는 경우에만 적으며, 국제표준화기구(ISO)가 정한 ISO코드 중 국명약어 및 국가코드를 적습니다(※ ISO국가코드: 국세청홈페이지→국세정보→국제조세정보→국세조세자료실에서 조회할 수 있습니다). 예) 대한민국 : KR, 미국 : US
2. 근로소득자가 외국인에 해당하는 경우에는 내·외국인란에 "외국인 9"를 선택하고 국적 및 국적코드란에 국제표준화기구(ISO)가 정한 ISO코드 중 국명약어 및 국가코드를 적습니다. 해당 근로소득자가 외국인근로자 단일세율적용신청서를 제출한 경우 '외국인단일세율 적용'란에 "여1"를 선택합니다.
3. 원천징수의무자는 지급일이 속하는 연도의 다음 연도 3월 10일(휴업 또는 폐업한 경우에는 휴업일 또는 폐업일이 속하는 달의 다음 다음 달 말일을 말합니다)까지 지급명세서를 제출하여야 합니다.
4. Ⅰ.근무처별소득명세란은 비과세소득를 제외한 금액을 적고 Ⅱ.비과세 및 감면소득 명세서란에는 지급명세서 작성대상 비과세소득 및 감면대상을 해당코드별로 구분하여 적습니다. (작성할 항목이 많은 경우 Ⅱ.비과세 및 감면소득 명세서란의 ⑳ 비과세소득 계란 및 ⑳-1 감면세액 계에 총액만 적고, Ⅱ.비과세 소득란을 별지로 작성할 수 있습니다)
5. 「소득세법」 제127조제1항제4호의 각 목에 해당하는 근로소득과 그 외 근로소득을 더하여 연말정산하는 때에는 ⑯-1납세조합란에 각각 근로소득납세조합과 「소득세법」 제127조제1항제4호 각 목에 해당하는 근로소득을 적고,「소득세법」 제150조에 따른 납세조합공제금액을 (57)납세조합공제란에 적습니다. 합병, 기업형태 변경 등으로 해당 법인이 연말정산을 하는 경우에 피합병법인과 기업형태변경전의 소득은 근무처별소득명세 종(전)란에 별도로 적습니다.
6. ㉑총급여란에는 "⑯계"란의 금액을 적되, 외국인근로자로가「조세특례제한법」 제18조의2제2항에 따라 단일세율을 적용하는 경우에는 "⑯계"의 금액과 비과세소득금액을 더한 금액을 적고, 이 경우 소득세와 관련한 비과세·공제·감면 및 세액공제에 관한 규정은 적용하지 않습니다.
7. 종합소득 특별공제(㉞~㊴)란과 그 밖의 소득공제(㊸~㊼)란은 근로소득자공제신고서(별지 제37호서식)의 공제액을 적습니다(소득공제는 서식에서 정하는 바에 따라 순차적으로 소득공제를 적용하여 종합소득과세표준과 세액을 계산합니다).
8. 이 서식에 적는 금액 중 소수점 이하 값만 버리며, (67)차감징수세액이 소액부징수(1천원 미만을 말합니다)에 해당하는 경우 세액을 "0"으로 적습니다.
9. (68)소득공제 명세란은 다음과 같이 작성합니다.

가. 관계코드란

구 분	관계코드	구 분	관계코드	구 분	관계코드
소득자 본인 (소법 §50 ① 1)	0	소득자의 직계존속 (소법 §50 ① 3 가)	1	배우자의 직계존속 (소법 §50 ① 3 가)	2
배우자 (소법 §50 ① 2)	3	직계비속(자녀·입양자) (소법 §50 ① 3 나)	4	직계비속(코드 4 제외) (소법 §50 ① 3 나)	5*
형제자매 (소법 §50 ③ 다)	6	수급자(코드1~6제외) (소법 §50 ① 3 라)	7	위탁아동 (소법 §50 ① 3 마)	8

* 직계비속과 그 배우자가 장애인인 경우 그 배우자 포함하되 코드 4 제외, ※ 관계코드 4~6 는 소득자와 배우자의 각각의 관계를 포함합니다.

나. 내·외국인란: 내국인의 경우 "1"로, 외국인의 경우 "9"로 적습니다.
다. 인적공제항목란: 인적공제사항이 있는 경우 해당란에 "○" 표시를 합니다(해당 사항이 없을 경우 비워둡니다).
라. 국세청 자료란: 소득공제 증빙서류로 「소득세법」 제165조에 따라 국세청 홈페이지에서 제공하는 자료를 이용하는 경우 각 소득공제 항목의 금액 중 소득공제대상이 되는 금액을 적습니다.
마. 기타자료란: 국세청에서 제공하는 증명서류 외의 증명서를 이용하는 경우를 말합니다(예를 들면, 시력교정용 안경구입비는 의료비란에 적습니다)
바. 각종 소득공제 항목란: 소득공제항목에 해당하는 실제 지출금액을 적습니다(소득공제액이 아닌 실제 사용금액을 공제항목별로 구분된 범위 안에 적습니다).

10. 해당 근로소득자가 퇴직연금, 연금저축, 주택마련저축, 장기주식형저축 등 소득공제를 한 경우에는 근로소득지급명세서를 원천징수 관할 세무서장에게 제출시 해당 명세서를 함께 제출하여야 합니다.
11. ㊲㉰2011년 이전 차입분란의 15년이상 29년이하, 30년이상에는 「소득세법 시행령」 제112조제9항제5호가 해당되는 경우를 포함하여 적고, 2012년 이후 차입분(15년이상)란은 고정금리·비거치식 상환분과 기타 상환분을 구분하여 적습니다.

장애인 자녀가 장애인 판정을 20X2년에 받아 20X2년에는 장애인으로 연말정산함. 해당 장애는 선천적인 것이라 20X1년, 20X0년(장애인으로 연말정산하지 않고 일반 부양가족으로 신청) 소급하여 연말정산 환급이 가능한지?

장애인 자녀의 연간소득금액이 100만원이하라면 장애인 복지법상 장애인으로 등록된 시점 이후 연도부터 장애인공제가 가능할 것으로 사료된다. 따라서 등록전 20X1년과 20X0년의 경우 장애인으로 소득공제를 받을 수 없는 것으로 판단된다.

제4장

근로장려세제

장애인의 경우 소득을 얻기 위한 여러 환경 및 신체적, 정신적 제약으로 낮은 소득수준으로 생계를 유지하는 경우가 있다.

근로장려세제는 열심히 일은 하지만 소득은 적어 생활이 어려운 근로자, 사업자(보험모집인, 방문판매원) 가구에 대하여 부양자녀수와 총급여액 등에 따라 산정된 근로장려금을 지급함으로써 근로유인을 제고하고 실질소득을 지원하기 위한 근로연계형 소득지원제도를 시행하고 있다.

장애인 세대주, 장애인 자녀를 둔 부모의 경우 관련된 신청자격을 검토하여 요건에 모두 충족할 경우 근로장려금을 신청하는 것이 필요하다.

1. 배우자 및 부양가족의 요건

① 기준일 : 과세기간 종료일 (2012년 5월 신청의 경우 2011년 12월 31일 기준으로 판단함)

② 배우자 및 부양가족

구　분	비　고
배우자, 배우자와 18세 미만 부양자녀 1인이상	입양자 포함. 부모가 없거나 자녀를 부양할수 없는 일정한 경우 손자녀, 형제자매를 부양가족 범위에 포함
	중증장애인인 경우 연령제한을 적용받지 않음
	부양자녀의 연간 소득금액 100만원 이하

* 중증장애인의 경우 당해연도 장애가 치유(혹은 사망)된 경우라도 신청할 수 있음.

보충설명   근로장려세제의 중증장애인이란?

1. 장애인 고용촉진 및 직업재활법에 의한 중증 장애인
   ① 지체장애인 경우 : 1급, 2급, 3급
   ② 뇌병변장애, 시각장애인 경우 : 1급, 2급, 3급
   ③ 청각장애인 경우 : 2급
   ④ 지적장애, 정신장애, 자폐성장애인 경우 : 1급, 2급, 3급
   ⑤ 신장장애인 경우 : 2급
   ⑥ 심장장애인 경우 : 1급, 2급, 3급
   ⑦ 호흡기장애, 간 장애인 경우 : 1급, 2급
   ⑧ 안면장애, 장루장애, 간질장애인 경우 : 2급

2. 총소득요건

전년도 연간 부부합산 총소득합계액이 부양자녀 수에 따라 정한 총소득기준금액 미만이어야 한다. 퇴직소득과 양도소득은 총소득요건에서 제외된다.

전년도에 귀속 소득이 전혀 없다면 근로장려금을 받을 수 없다.

근로장려세제는 일은 열심히 하지만 소득이 적어 생활이 어려운 근로자 또는 사업자(보험모집인, 방문판매원) 가구에 대해 근로장려금을 지급함으로써 일하고자 하는 의욕을 고취하고, 경제적으로 자립할 수 있도록 실질소득을 지원하는 제도이기 때문이다.

보충설명   총소득합계액 (① + ②)

① 사업소득금액(보험모집인, 방문판매원 소득제외) + 기타소득금액
② 이자, 배당, 근로소득, 사업소득(보험모집인, 방문판매원 소득)
[주] 소득금액이란 필요경비 차감 후 개념임.

부양가족 수	총소득 기준금액
0명	1300만원
1명	1700만원
2명	2100만원
3명	2500만원

3. 주택요건

① 전년도 6월 1일 기준으로 세대원 전원이 무주택이거나
② 기준시가 6천만원 이하의 소규모주택 1채 소유

4. 재산요건

① 전년도 6월 1일 기준으로 세대원 전원이 소유하고 있는 재산합계
   액 1억원 미만
② 재산의 종류 : 주택, 토지, 건축물, 자동차, 전세금, 금융재산, 유가
   증권, 골프회원권, 부동산을 취득할 수 있는 권리 등

5. 신청제외자

다음의 경우에는 근로장려금 신청자격이 없다.
① 국민기초생활보장급여 (생계, 주거, 교육)을 3개월 이상 받은 자
② 외국인 (단, 대한민구 국적을 가진 자와 혼인자는 제외)
③ 다른 거주자의 부양자녀는 근로장려금 신청 자격이 없음

6. 신청절차

대상자 여부를 확인하고 인터넷 근로장려세제 홈페이지를 참고하여 신청할 수 있으며, 그 밖에 전화 혹은 세무서 직접 방문을 통해 신청할 수 있다. 근로장려세제는 신청주의를 채택하여 신청자에 한하여 지급하기 때문에 본인 또는 배우자가 종합소득이 발생한 경우에는 반드시 종합소득세 신고를 이행하여야 근로장려금을 지급받을 수 있다.

7. 근로장려금 신청기간

2012년 귀속 종합소득세 신고 기간인 2013년 5월1일 ~ 5월31일까지이다.

8. 근로장려금 지급액

부양자녀수에 따라 전년도 부부합산 총급여액 등을 기준으로 구간별로 정해진 비율을 적용하여 근로장려금을 산정한다. 여기서 총급여액이란 근로소득과 사업소득(보험모집인 및 방문판매원 해당 소득)을 합한 금액이다.

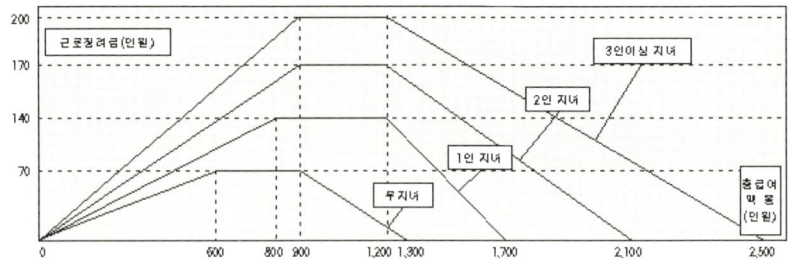

(1) 부양자녀가 없으면서 배우자가 있는 경우

총급여액 등	근로장려금 지급액
0 ~ 600만원 미만	총급여액 등 × 60분의 7
600 ~ 900만원 미만	70만원
900 ~ 1,300만원 미만	(1,300만원 - 총급여액 등) × 40분의 7

(2) 부양자녀가 1명인 경우

총급여액 등	근로장려금 지급액
0 ~ 800만원 미만	총급여액 등 × 40분의 7
800 ~ 1,200만원 미만	140만원
1,200 ~ 1,700만원 미만	(1,700만원 - 총급여액 등) × 100분의 28

(3) 부양자녀가 2명인 경우

총급여액 등	근로장려금 지급액
0 ~ 900만원 미만	총급여액 등 × 90분의 17
900 ~ 1,200만원 미만	170만원
1,200 ~ 2,100만원 미만	(2,100만원 - 총급여액 등) × 90분의 17

(4) 부양자녀가 3명 이상인 경우

총급여액 등	근로장려금 지급액
0 ~ 900만원 미만	총급여액 등 × 9분의 2
900 ~ 1,200만원 미만	200만원
1,200 ~ 2,500만원 미만	(2,500만원 - 총급여액 등) × 13분의 2

[계산사례]

(1) 부양자녀가 없는 경우

1) 총급여액 등만 있는 경우

① 주된 소득자 총급여액 등이 500만원, 배우자 총급여액 등이 0원 일 때

(부부합산 총급여액 등 500만원) ⇒ 근로장려금 595천원

② 주된 소득자 총급여액 등이 500만원, 배우자 총급여액 등이 300 만원일 때

(부부합산 총급여액 등 800만원) ⇒ 근로장려금 70만원(최대지급액)

③ 주된 소득자 총급여액 등이 800만원, 배우자 총급여액 등이 300 만원일 때

(부부합산 총급여액 등 1,100만원) ⇒ 근로장려금 35만원

2) 총급여액 등과 사업소득(보험모집인, 방문판매원 해당소득 제외)이 함께 있는 경우

① 총급여액 등이 500만원, 사업소득이 300만원일 때

총소득 800만원이므로 근로장려금 총소득기준금액 요건 충족

근로장려금은 총급여액 등이 500만원이므로 근로장려금은 595천원

② 총급여액 등이 1,200만원, 사업소득이 300만원일 때

1,500만원이므로 근로장려금 총소득기준금액 요건 불충족으로 근 로장려금 신청대상이 아님

(2) 부양자녀가 1명인 경우

1) 총급여액 등만 있는 경우

① 주된 소득자 총급여액 등이 500만원, 배우자 총급여액 등이 0원 일 때

총급여액 등 500만원) ⇒ 근로장려금 893천원

② 주된 소득자 총급여액 등이 800만원, 배우자 총급여액 등이 300
만원일 때

(부부합산 총급여액 등 1,100만원) ⇒ 근로장려금 140만원(최대
지급액)

③ 주된 소득자 총급여액 등이 1,200만원, 배우자 총급여액 등이
300만원일 때

(부부합산 총급여액 등 1,500만원) ⇒ 근로장려금 56만원

2) 총급여액 등과 사업소득(보험모집인, 방문판매원 해당소득 제외)이 함께
있는 경우

① 총급여액 등이 900만원, 사업소득이 300만원일 때

총소득이 1,200만원이므로 근로장려금 총소득기준금액 요건 충족
근로장려금은 총급여액 등이 900만원이므로 근로장려금은 140만원

② 총급여액 등이 1,200만원, 사업소득이 800만원일 때

총소득이 2,000만원이므로 근로장려금 총소득기준금액 요건 불충
족으로 근로장려금 신청대상이 아님

(3) 부양자녀가 2명인 경우

1) 총급여액 등만 있는 경우

① 주된 소득자 총급여액 등이 500만원, 배우자 총급여액 등이 0원
일 때(부부합산 총급여액 등 500만원) ⇒ 근로장려금 964천원

② 주된 소득자 총급여액 등이 600만원, 배우자 총급여액 등 500만
원일 때(부부합산 총급여액 등 1,100만원) ⇒ 근로장려금 170만
원(최대지급액)

③ 주된 소득자 총급여액 등이 1,200만원, 배우자 총급여액 등이

700만원일 때(부부합산 총급여액 등 1,900만원) ⇒ 근로장려금 378천원

2) 총급여액 등과 사업소득(보험모집인, 방문판매원 해당소득 제외)이 함께 있는 경우

① 총급여액 등이 1,000만원, 사업소득이 800만원일 때
총소득이 1,800만원이므로 근로장려금 총소득기준금액 요건 충족
근로장려금은 총급여액 등이 1,000만원이므로 근로장려금은 170만원

② 총급여액 등이 1,300만원, 사업소득이 800만원일 때
총소득이 2,100만원이므로 근로장려금 총소득기준금액 요건 불충족으로 근로장려금 신청대상이 아님

(4) 부양자녀가 3명이상인 경우

1) 총급여액 등만 있는 경우

① 주된 소득자 총급여액 등이 500만원, 배우자 총급여액이 등 0원일 때(부부합산 총급여액 등 500만원) ⇒ 근로장려금 1,134천원

② 주된 소득자 총급여액 등이 600만원, 배우자 총급여액 등이 500만원일 때(부부합산 총급여액 등 1,100만원) ⇒ 근로장려금 200만원(최대지급액)

③ 주된 소득자 총급여액 등이 1,200만원, 배우자 총급여액 등이 700만원일 때(부부합산 총급여액 등 1,900만원) ⇒ 근로장려금 924천원

2) 총급여액 등과 사업소득(보험모집인, 방문판매원 해당소득 제외)이 함께
   있는 경우

① 총급여액 등이 1,000만원, 사업소득이 800만원일 때

   총소득이 1,800만원이므로 근로장려금 총소득기준금액 요건 충족

   근로장려금은 총급여액 등이 1,000만원이므로 근로장려금은 200
   만원

② 총급여액 등이 1,600만원, 사업소득이 1,000만원일 때

   총소득이 2,600만원이므로 근로장려금 총소득기준금액 요건 불충
   족으로 근로장려금 신청대상이 아님

9. 근로장려금 지급절차 및 방법

관할세무서장이 신청자격의 적격여부를 근로장려금 신청서 및 첨부
서류 등을 확인하여 신청 후 3개월(매년 8.31) 내에 근로장려금을 심사
및 결정한다.

① 근로장려금 결정 후 1개월 이내에 근로장려금이 지급
② 근로장려금 신청서에 금융계좌를 기재한 경우에는 계좌이체방식
   으로 지급하고, 금융계좌를 미기재한 경우에는 국세환급금통지서
   에 의하여 현금으로 지급

10. 준비사항 (신청인 본인과 사업주 비교)

신청인 본인	사업자(고용주)
① 근로장려금은 신청인(근로자)이 제출한 원천징수영수증과 사업자가 사업장 관할 세무서에 제출한 근로소득지급명세서를 대사하여 지급하므로 근로자들은 사업자가 발행하는 근로소득원천징수영수증을 정확히 수취, 보관하여야 한다. ② 사업자의 근로소득지급명세서 제출누락에 대비하여 급여수령통장, 급여지급대장 및 소득자별 근로소득원천징수부 사본을 미리 준비하여 둘 필요가 있다	① 사업자가 제출한 근로소득지급명세서가 근로자가 근로장려금을 지급받을 수 있는 선행조건임을 인식하여 근로소득지급명세서의 충실한 제출이 필요하다 ② 상용근로소득지급명세서는 지급일이 속하는 연도의 다음연도 3월 10일까지, 사업자(고용주)가 휴업 또는 폐업한 경우 휴업일이나 폐업일이 속하는 달의 다음 다음달 말일까지 제출하여야 합니다. ③ 일용근로소득지급명세서는 매분기 마지막 달의 다음달 말일까지 제출하며 4/4분기 해당분은 익년 2월말까지 제출합니다.

중소기업 취업 청년에 대한 소득세 감면제도 신설

1. 적용대상
'중소기업기본법'상 중소기업에 취업하는 청년(만 15~29세)
단, 현역, 상근예비역, 공익근무요원, 현역장교, 준사관, 부사관 등 군복무자는 군복무기간을 가산하여 최고 35세까지 대상연령 확대

2. 적용 제외
1) 업종 : 주점 및 비알콜음료업, 보건업, 전문서비스업, 금융보험업, 공공기관 등 일부 업종은 제외
2) 대상제외자 : 최대출자자와 직계존비속, 임원, 일용근로자, 건강보험료 또는 국민연금 납부사실이 확인되지 아니하는 자 등

3. 지원내용
취업 후 근로소득세 3년간 100% 감면 (첫 취업시부터 3년간 적용)

4. 신청
감면을 적용받으려는 자는 원천징수의무자에게 감면신청을 함.

5. 적용기한
2013년 12월 31일

■ 조세특례제한법 시행규칙[별지 제64호의2서식] <개정 2012.2.28>

관리 번호		( ) 년 귀속 근로장려금 신청서	

※ 뒤쪽의 작성방법을 읽고 작성하시기 바라며, [ ]에는 해당되는 곳에 √표를 합니다. (앞쪽)

접수번호	접수일자	처리기간	3개월

❶ 신청자

※ 근로소득 또는 사업소득(보험모집인 또는 방문판매원이 받는 해당 사업소득)이 있는 사람이 신청하여야 합니다. 부부 모두 소득이 있는 경우 총급여액 등이 많은 사람이 신청하여야 합니다.

① 성 명		② 주민등록번호	-
③ 주 소			
④ 휴대전화	⑤ 유선전화	⑥ 이메일	@

❷ 세대구성원

* ( )년 12월 31일 현재 배우자, 부양자녀 및 생계를 같이하는 부모, 형제자매 등 동거가족을 모두 적습니다.

⑦ 관계	⑧ 성 명	⑨ 주민등록번호	⑦ 관계	⑧ 성 명	⑨ 주민등록번호
		-			-
		-			-
		-			-

❸ 신청자격에 관한 사항

Q1. ( )년 12월 31일 현재 .1.2.~ .12.31.에 출생한 만 18세 미만(중증장애인은 연령제한 없음)의 부양자녀가 몇 명 있습니까? 없음[ ] 1명[ ] 2명[ ] 3명 이상[ ]

Q2. ( )년 12월 31일 현재 신청자의 배우자가 있습니까? 예[ ] 아니오[ ]

Q3. 신청자와 배우자의 ( )년도 총소득 합계액은 위Q1에서 답한 부양자녀 수에 따라 아래 총소득 합계액 기준에 적합해야 합니다. 귀하는 이 조건을 충족합니까?

부양자녀	자녀없으나 배우자 있음	자녀 1명	자녀 2명	자녀 3명 이상
총소득합계액	1,300만원 미만	1,700만원 미만	2,100만원 미만	2,500만원 미만

예[ ] 아니오[ ]

Q4. ( )년 6월 1일 현재 신청자와 세대구성원(❷)이 모두 무주택이거나 기준시가 6천만원 이하의 주택을 1채 소유하고, 보유한 재산 총액이 1억원 미만입니까?

Q5. ( )년도에 신청자 또는 배우자가「국민기초생활보장법」에 따른 생계·주거·교육급여 중 일부 또는 전부를 3개월 이상 지급받은 사실이 없어야 합니다. 귀하는 이 조건을 충족합니까?

(Q3~5 모두 해당될 경우 '예'에 √표시 하십시오)

❹ 전세금 명세

* ( )년 6월 1일 현재 신청자와 세대구성원(❷)이 임차한 주택(상가) 등에 대해 작성합니다.
* 주택의 자가, 타가 여부를 해당란에 √로 기재합니다. (자가[ ], 타가[ ])

임차인 (세입자) 성 명	⑪ 임대인(집주인)		⑫ 소 재 지	⑬ 종 류		⑭ 전 세 금 (임차보증금)	⑮ 월 세	⑯ 무상 거주
	성 명	주민(사업자) 등록번호		주택	상가등			
				[ ]	[ ]	원	원	[ ]
				[ ]	[ ]	원	원	[ ]

❺ 총급여액 등

※ 작성한 소득 내역과 심사과정에서 확인된 내역이 다를 경우 신청금액과 지급금액과의 차이가 있을 수 있습니다.

⑰ 소득자 (해당란에 √)	⑱ 소득구분 (해당란에 √)		⑲ 상 호	⑳ 사업자등록번호	㉑ 근로소득(총급여) 또는 사업소득(수입금액)
신청자 [ ] 배우자 [ ]	근로 [ ]	사업 [ ]			원
신청자 [ ] 배우자 [ ]	근로 [ ]	사업 [ ]			원
신청자 [ ] 배우자 [ ]	근로 [ ]	사업 [ ]			원
㉒ 합 계 (부부합산 연간 총급여액 등)					원

❻ 신청

※ 근로장려금은 신청자의 체납세액에 우선 충당되며, 충당 후 남은 금액이 지급됩니다.

㉓ 근로장려금 신청금액 (근로장려금 산정표 참조) 원

㉔ 근로장려금 수령방법 (해당란에 √) (신청자 명의 계좌로만 수령할 수 있습니다)

신청자 계좌 수령 [ ] ㉕ 금융기관 명칭 ㉖ 계좌번호

우체국 방문 수령 [ ] 국세환급금통지서 수령 후 신청자가 우체국에서 현금으로 교환

◇ 금융거래정보 조회 안내 : 국세청에서는 근로장려금 신청자격 확인이 필요한 경우「조세특례제한법」제100조의12에 따라 신청자 및 세대원의 금융거래정보를 조회할 수 있음을 알려드립니다.

위와 같이 사실대로 작성하여「조세특례제한법」제100조의6제1항에 따라 근로장려금을 신청합니다.

년 월 일

신청자 (서명 또는 인)

세 무 서 장 귀하

※ 첨부서류 (해당란에 √)	1. 근로소득 증거자료: 근로소득 지급 확인서 (뒤쪽 하단) 등 [ ], 2. 재산 증거자료: 임대차계약서 사본, 임대차확인서, 무상임차 사실 확인서(뒤쪽 하단) [ ] 분양계약서 사본과 분양대금·청산금 납입영수증 등 사본 [ ]	수수료 없 음

210mm×297mm[백상지 80g/㎡ 또는 중질지 80g/㎡]

작 성 방 법

❷ 세대구성원 명세

1. 전년도 12월 31일 현재 배우자, 부양자녀 및 생계를 같이 하는 동거가족(아래 표 참조)을 모두 적습니다.
 ・ 본인 또는 배우자와 동일한 주소・거소에서 생계를 같이 하는 가족
 ・ "가족"은 거주자와 그 배우자의 직계존비속(그 배우자 포함) 및 형제자매를 말하며, 취학, 질병, 요양, 근무상・사업
  상 형편으로 본래의 주소・거소에서 일시 퇴거한 사람을 포함합니다.
2. "⑦ 관계"란에는 신청자와의 관계[배우자, 자녀, 부모(배우자의 부모 포함), 형제자매, 손자녀, 기타]를 적습니다.

❸ 신청자격에 관한 사항

Q1. 전년도 12월 31일 현재 아래 사항 중 하나에 해당하는 부양자녀가 1명 이상 있어야 합니다. 다만, 자녀가 연도 중
  에 사망하거나 장애가 치유된 사람에 대해서는 사망일(치유일) 전일 현재의 상황에 따릅니다.

 ・ 연간 소득금액이 100만원 이하인 만 18세 미만의 자녀
 ・ 동거입양자와 주민등록표상 동거가족으로서 부모가 없거나 부모가 부양능력이 없어 실질적으로 부양하는 연간 소득
  금액이 100만원 이하인 만 18세 미만의 형제자매 또는 손자녀
  (※ 부양자녀가 「장애인고용촉진 및 직업재활법」에 따른 중증장애인인 경우에는 연령 제한을 받지 않습니다)

Q2. 전년도 12월 31일 현재 부양자녀가 없으면 배우자가 있어야 합니다.
Q3. 전년도 총소득(부부합산)은 근로・이자・배당・연금・사업・기타소득을 모두 합하여 계산합니다.
  - 근로・이자・배당・연금소득은 총수입금액을 합산하며, 사업・기타소득은 필요경비를 공제한 소득금액을 합하여
   계산합니다.(다만, 보험모집인 또는 방문판매원의 해당 사업소득은 수입금액을 합하여 계산합니다)
Q4. 신청자와 "❷ 세대구성원"란에 적은 사람이 전년도 6월 1일에 보유한 주택과 재산을 기준으로 판단합니다.
  - 재산가액에는 주택・토지・건축물, 승용자동차(영업용 자동차, 승합차, 화물차를 제외함), 전세금(임차보증금), 예금
   ・적금 등 금융재산(세대원 개인별 5백만원 이상만 합산함), 주식・채권 등 유가증권(세대원 개인별 5백만원 이상
   만 합산함), 분양권, 입주권, 골프회원권의 가액이 모두 포함됩니다. 이 경우, 재산가액 산정 시 대출금 등 채무액은
   차감하지 않음을 유의하여야 합니다.

❹ 전세금 명세

1. 신청자와 "❷ 세대구성원"란에 적은 배우자, 부양자녀 및 생계를 같이하는 동거가족이 전년도 6월 1일 현재 타인의
  주택이나 상가 등을 임차한 사실이 있는 경우 소재지별로 작성하여야 합니다. 임대인이 공동 명의일 경우에는 대표 1인만
  작성합니다.
  - 전세금 명세가 있는 경우에는 전년도 6월 1일 현재 유효한 임대차계약서 등 증거자료를 제출하여야 합니다.
2. 상가 등(주택 제외)을 임차한 경우에는 반드시 임대차계약서 사본 등 관련 증거자료를 제출하여야 합니다.
3. 주택을 임차하고 임대차계약서를 제출하지 않거나 「소득세법」 제41조에 따른 특수관계인 소유의 주택을 임차한 경우
  에는 「지방세법」에 의한 시가표준액의 100분의 50이내에서 국세청장이 고시한 금액을 전세금으로 봅니다.

❺ 총급여액 등

1. 근로소득(총급여)이란 사업자에게 고용되어 근로를 제공함으로써 받는 봉급, 급료, 보수, 세비, 임금, 상여, 수당과 이
  와 유사한 성질의 급여를 말하며, 사업소득(수입금액)은 보험모집인과 방문판매원의 수당 등 해당 수입금액을 말합니
  다. 다만, 아래의 근로 또는 사업소득은 근로장려금 산정대상 총급여액 등에는 포함하지 않습니다.

 ・ 배우자나 직계존비속으로부터 받은 근로 또는 사업소득
 ・ 「법인세법」에 따라 상여 처분된 근로소득
 ・ 사업자등록증 또는 고유번호증이 없는 자로부터 받은 근로 또는 사업소득
 ※ 신청자와 배우자의 전년도 총소득에는 포함하여야 합니다.

2. 사업자가 국세청에 제출한 소득자료와 다르거나 누락된 경우에는 근로소득 지급확인서 등 소득 증거자료를 제출하여
  야 합니다.

※ 유 의 사 항

1. 근로장려금 신청요건에 관한 사항을 고의 또는 중대한 과실, 사기나 그 밖의 부정한 행위로써 사실과 다르게 신청한
  경우에는 근로장려금 지급이 제한될 수 있으며, 「조세범처벌법」에 따른 처벌을 받을 수도 있습니다.
2. 신청자와 배우자가 「소득세법」 제70조, 제74조에 따른 종합소득세 과세표준 확정 신고 의무가 있는 경우에는 근
  로장려금 결정 전까지 반드시 종합소득세 신고를 하여야 합니다.

※ 기타 자세한 사항은 근로장려세제 홈페이지(www.eitc.go.kr)나 주소지 관할 세무서에 문의하시기 바랍니다.

무상임차 사실 확인서

※ 무상 거주할 경우 작성합니다.

임대인(집주인)			임차인(세입자)성명	관계	주택소재지무상사용기간	면적(㎡)
성명	주민등록번호	휴대전화				

실제 계약에 따라 사실대로 작성하였음을 확인합니다.
　　　　　　　　　　년　 월　 일
주택소유자(임대인) 성명 :　　　　　　(서명 또는 인)

근로소득 지급 확인서

※ 소득 자료가 사실과 다를 경우 작성합니다.

소득자인적사항		근무처(사업장)		근로소득 지급 내역	
성명	주민등록번호	상 호대표자	사업자등록번호	근로제공기간	총지급액(①+②)
				~	①과세소득　　원②비과세소득　원총지급액　　　원

위와 같이 근로소득을 지급하였음을 확인합니다.
　　　　　　　　　　년　 월　 일
대표자 성명 :　　　　　　　　(서명 또는 인)

제5장

원천징수

1. 원천징수제도의 개념

회사에 근무하고 있는 장애인 '갑'은 매월 급여를 받으면서 일정액의 국민연금과 건강보험료, 고용보험료 그리고 소득세와 지방소득세를 차감하고 나머지를 실수령하고 있다.

원천징수란 소득의 지급자가 특정소득을 지급하는 때에 소정의 세율을 적용하여 계산한 금액을 지급하는 해당 소득에서 직접 징수하여 과세당국에 납부하는 제도를 말한다.

소득세법에서는 과세포착율의 제고와 징세비용의 절감을 가져오는 원천징수제도의 적극적 활용을 위하여 자세하고 세밀하게 규정하고 있다.

2. 원천징수의 종류

원천징수의 종류는 크게 완납적 원천징수와 예납적 원천징수로 구분할 수 있다.

(1) 완납적 원천징수

완납적 원천징수란 원천징수에 의하여 납세의무가 종결되는 원천징수를 말한다.

① 분리과세 이자소득, 분리과세 배당소득, 분리과세 연금소득, 분리과세 기타소득
② 일용근로자의 근로소득

(2) 예납적 원천징수

예납적 원천징수란 해당 원천징수에 의하여 납세의무가 종결되는 것이 아니라 확정신고시 납부할 세액에 대한 예납적 성격의 원천징수를 말한다.

사례

'갑'은 매월 급여 수령시 소득세를 원천징수로 납부하였고 연간 원천징수세액은 12만원이다.
'갑'이 연말정산시 결정된 세액은 20만원이었다. 실제로 연말정산으로 인해 납부하게 될 세액은 결정세액 20만원에서 원천징수된 12만원을 차감한 8만원을 부담하게 된다.

3. 장애인 관련 원천징수의 사례 검토

(관련 회계담당자를 위한 설명으로 이에 해당하지 아니한 경우에는 아래 내용을 생략하여도 무방하다.)

사례

회사에서 직원들 중 장애인 근무자에게 급여대장 등을 제출하여 국가 및 지자체 등에서 보조금을 수령하고 있다.
이 경우 급여대장에 보조금 포함한 지급한 급여를 반영하여 원천징수이행상황신고서에 회사에서 지급하는 급여와 구청지원금을 포함한 금액으로 신고해야 하는 것인지?
또한 법인세(또는 소득세) 신고시 구청지원금을 어떤 계정으로 반영해야 하는지?

장애인 근로자에 대한 구청으로부터의 보조금을 수령하여 지급하는

금액은 근로소득에 해당하는 것이므로 급여에 포함하여 근로소득세를 원천징수해야 하는 것이다.

또한 회사에서 장애인을 고용하고 국가 및 지자체 등으로부터 지원금을 받아 장애인의 급여로 지급하는 경우 각각 받은 지원금은 익금(총수입금액)으로, 지급하는 급여는 손금(필요경비)으로 계산하여 법인세(소득세)를 신고 납부하여야 한다.

이 경우 사업체에서 반영할 계정과목은 영업외 수익(잡이익 등)으로 처리해야 할 것으로 판단된다.

구 분	기본급	보조금	총 지급액
근로소득 (근로조건에 따라 일용직 으로 처리할 수도 있음)	80만원	20만원	100만원

※ 원천징수이행상황신고서상 반영금액 100만원.

4. 회계처리

(1) 보조금 수령시

차) 보통예금	대) 잡이익(영업외수익)

(2) 원천징수이행상황신고서상 반영금액은 보조금을 포함한 총지급액으로 기재한다.

■ 소득세법 시행규칙 [별지 제21호서식] <개정 2012.2.28>

(1 쪽)

①신고구분						[ ]원천징수이행상황신고서 [ ]원천징수세액환급신청서		②귀속연월	년 월
매월	반기	수정	연말	소득 처분	환급 신청			③지급연월	년 월

원천징수 의무자	법인명(상호)		대표자(성명)		일괄납부 여부	여, 부
					사업자단위과세 여부	여, 부
	사업자(주민) 등록번호		사업장 소재지		전화번호	
					전자우편주소	@

❶ 원천징수 명세 및 납부세액 (단위 : 원)

소득자 소득구분			코드	원천징수명세					납부세액		
				소득지급 (과세 미달, 일부 비과세 포함)		징수세액			⑨ 당월 조정 환급세액	⑩ 소득세 등 (가산세 포함)	⑪ 농어촌 특별세
				④ 인원	⑤ 총지급액	⑥ 소득세등	⑦농어촌 특별세	⑧가산세			
개 인 ~ 거 주 자 비 거 주 자 ~	근로 소득	간 이 세 액	A01								
		중 도 퇴 사	A02								
		일 용 근 로	A03								
		연 말 정 산	A04								
		가 감 계	A10								
	퇴직소득		A20								
	사업 소득	매 월 징 수	A25								
		연 말 정 산	A26								
		가 감 계	A30								
	기타소득		A40								
	연 금 소 득	매 월 징 수	A45								
		연 말 정 산	A46								
		가 감 계	A47								
	이 자 소 득		A50								
	배 당 소 득		A60								
	저축해지 추징세액 등		A69								
	비거주자 양도소득		A70								
법인	내·외국법인원천		A80								
수정신고(세액)			A90								
총합계			A99								

❷ 환급세액 조정 (단위 : 원)

전월 미환급 세액의 계산			당월 발생 환급세액					⑱ 조정대상 환급세액 (⑭+⑮+⑯+⑰)	⑲ 당월조정 환급세액 계	⑳ 차월이월 환급세액 (⑱-⑲)	㉑ 환급 신청액
⑫전월 미환급 세액	⑬기환급 신청세액	⑭차감 잔액 (⑫-⑬)	⑮ 일반 환급	⑯신탁재산 (금융 회사 등)	⑰그밖의 환급세액						
					금융 회사 등	합병 등					

원천징수의무자는 「소득세법 시행령」 제185조제1항에 따라 위의 내용을 제출하며, 위 내용을 충분히 검토하였고 원천징수의무자 가 알고 있는 사실 그대로를 정확하게 적었음을 확인합니다.	신고서 부표 등 작성 여부		
	※ 해당란에 "○" 표시를 합니다.		
	부표(4~5쪽)	환급(7쪽~9쪽)	승계명세(10쪽)
<div align="center">년 월 일</div>			
	세무대리인		
<div align="center">신고인 (서명 또는 인)</div>	성명		
	사업자등록번호		
세무대리인은 조세전문자격자로서 위 신고서를 성실하고 공정 하게 작성하였음을 확인합니다.	전화번호		
	국세환급금 계좌신고		
	※ 환급금액 2천만원 미만인 경우에만 적습니다.		
<div align="center">세무대리인 (서명 또는 인)</div>	예입처		
	예금종류		
세 무 서 장 귀하	계좌번호		

210㎜×297㎜(백상지 80g/㎡)

제6장

장애인 관련
법인세 관련 사항

1. 장애인표준사업장

장애인 표준사업장에 대한 법인(소득)세 감면은 다음과 같다.

(1) 신청기간

2012-05-03 ~ 2013-12-31

(2) 사업개요

장애인 표준사업장에 대하여 4년간 법인세(소득세) 50% 감면하고 있다.

2012년에 장애인표준사업장 인정을 받은 내국인이 장애인표준사업장 인정을 받은 사업에서 2012년 최초로 소득이 발생한 경우 2012년부터 2015년까지 해당 사업에서 발생한 소득에 대한 법인세 또는 소득세의 100분의 50에 상당하는 세액을 감면받을 수 있다. 즉, 감면 대상의 "최초로 소득이 발생한 연도"는 장애인표준사업장으로 인정 받기 전(예를 들어 2011년)의 과세연도 소득 발생분은 해당하지 않는 것이다.

(3) 지원분야 및 대상

「장애인고용촉진 및 직업재활법」에 따라 2013년 12월 31일까지 장애인 표준사업장으로 인증받은 내국인

사업연도 기중 장애인 사업장으로 인증받은 경우 (예를 들어 7월1일에 인증 받았다면) 해당연도 사업의 소득에서 기간을 구분하여 감면을 적용받는 것인지 아니면 전체에

대하여 법인세 등을 감면받는 것인지?

조세특례제한법에 따른 사회적기업 및 장애인 사업장으로 인증받은 경우 사업연도 중에 장애인 사업장 등으로 인증을 받은 내국법인은 그 인증을 받은 날이 속하는 사업연도에 발생한 해당 사업의 소득 전체에 대하여 법인세 등의 감면을 적용하는 것이다.

(4) 장애인 표준사업장이란

경쟁노동시장에서 직업 활동이 곤란한 중증장애인의 안정된 일자리 창출과 사회통합기반을 조성하고 장애인 중심의 직업환경 기준을 제시하여 실질적인 장애인고용의 친환경을 형성하기 위해 지원하는 사업장으로서 아래의 4가지 기준을 모두 갖춘 사업장(장애인고용촉진및직업재활법 시행규칙 제3조)을 말한다.

구 분	내 용
고용인원	장애인 근로자 수가 10명 이상
고용비율	상시근로자 중 장애인을 30% 이상 고용 (그 중 중증장애인은 일정 인원 이상) 중증장애인 고용 인원수 (상시근로자의 15%인원수) + [(장애인근로자인원수 - 상시근로자의 30%인원수)*25%]
시 설	「장애인 · 노인 · 임산부 등의 편의증진보장에 관한 법률」에 따른 편의시설을 갖출 것
임 금	장애인 근로자에게 「최저임금법」에 따른 최저임금액 이상 지급

(5) 지원조건내용

- 지원 내용 : 소득발생 후 4년간 법인세 및 소득세 50% 감면
- 절차 및 제출서류 : 과세표준신고와 함께 세액감면신청서(조세특례제한법 시행규칙 별지 제2호 서식)를 관할세무서장에게 제출

- 관련 법령 : 조세특례제한법 제85조의 6, 시행령 제79조의7

(6) 장애인 표준사업장 문의처

- 한국장애인고용공단 : http://www.kead.or.kr 사업안내 ⇒ 사업주지원 ⇒ 장애인표준사업장설립지원제도
- 한국장애인고용공단 콜센터 : 1588-1519

제85조의6 【사회적기업 및 장애인 표준사업장에 대한 법인세 등의 감면】
① 「사회적기업 육성법」 제2조제1호에 따라 2013년 12월 31일까지 사회적기업으로 인증받은 내국인은 해당 사업에서 최초로 소득이 발생한 과세연도(인증을 받은 날부터 5년이 되는 날이 속하는 과세연도까지 해당 사업에서 소득이 발생하지 아니한 경우에는 5년이 되는 날이 속하는 과세연도)와 그 다음 과세연도의 개시일부터 3년 이내에 끝나는 과세연도까지 해당 사업에서 발생한 소득에 대한 법인세 또는 소득세의 100분의 50에 상당하는 세액을 감면한다. 〈개정 2010.12.27〉
② 2013년 12월 31일까지 「장애인고용촉진 및 직업재활법」 제2조제8호에 따른 장애인 표준사업장으로 인정받은 내국인은 해당 사업에서 최초로 소득이 발생한 과세연도(인정을 받은 날부터 5년이 되는 날이 속하는 과세연도까지 해당 사업에서 소득이 발생하지 아니한 경우에는 5년이 되는 날이 속하는 과세연도)와 그 다음 과세연도의 개시일부터 3년 이내에 끝나는 과세연도까지 해당 사업에서 발생한 소득에 대한 법인세 또는 소득세의 100분의 50에 상당하는 세액을 감면한다. 〈신설 2010.12.27〉
③ 제1항을 적용할 때 세액감면기간 중 다음 각 호의 어느 하나에 해당하여 「사회적기업 육성법」 제18조에 따라 사회적기업의 인증이 취소되었을 때에는 해당 과세연도부터 제1항에 따른 법인세 또는 소득세를 감면받을 수 없다. 〈개정 2010.12.27〉
  1. 거짓이나 그 밖의 부정한 방법으로 인증을 받은 경우
  2. 「사회적기업 육성법」 제8조의 인증요건을 갖추지 못하게 된 경우

④ 제2항을 적용할 때 세액감면기간 중 해당 장애인 표준사업장이 다음 각 호의 어느 하나에 해당하는 경우에는 해당 과세연도부터 제2항에 따른 법인세 또는 소득세를 감면받을 수 없다.〈신설 2010.12.27〉

1. 「장애인고용촉진 및 직업재활법」제21조 또는 제22조에 따른 융자 또는 지원을 거짓이나 그 밖의 부정한 방법으로 받은 경우

2. 사업주가 「장애인고용촉진 및 직업재활법」제21조 또는 제22조에 따라 받은 융자금 또는 지원금을 같은 규정에 따른 용도에 사용하지 아니한 경우

3. 「장애인고용촉진 및 직업재활법」제2조제8호에 따른 기준에 미달하게 된 경우

⑤ 제1항 및 제2항에 따라 세액을 감면받은 내국인이 제3항제1호 또는 제4항제1호에 해당하는 경우에는 그 사유가 발생한 과세연도의 과세표준신고를 할 때 감면받은 세액에 제33조의2제4항의 이자상당가산액에 관한 규정을 준용하여 계산한 금액을 가산하여 법인세 또는 소득세로 납부하여야 한다.〈개정 2010.12.27〉

⑥ 제1항 및 제2항을 적용받으려는 자는 대통령령으로 정하는 바에 따라 감면신청을 하여야 한다.〈개정 2010.12.27.〉

 **보충설명** 장애인 관련 사업장의 정기세무조사 면제

장애인표준사업장과 사회적기업은 올해부터 2015년까지 정기 세무조사를 받지 않아도 된다.

국세청은 국세행정위원회를 열고 장애인표준사업장 및 사회적기업의 세무조사를 5년 동안 유예하는 한편 모범납세자로 선정된 기업의 경우 대출업무나 신용등급 평가에서 혜택을 받을 수 있도록 추진하기로 했다.

국세청은 사회서비스·일자리 제공 등 사회공익을 우선하는 기업에 대해 세정지원을 통해 공정사회 구현을 뒷받침한다는 방침에 따라 장애인 10명이상, 상시근로자의 30% 이상 고용, 최저임금 이상 지급, 장애인편의시설을 갖추고 있는 장애인표준사업장 97곳과 노동부로부터 인증 받은 사회적기업 501개소에 대해 법인세 및 소득세의 50% 감면 외에 5년간 정기 세무조사 대상 선정에서 제외하겠다고 밝혔다.

2. 장애인 근로사업장의 수익사업 여부

비영리내국법인이 「장애인복지법」에 따른 장애인복지시설로서 같은 법 시행규칙 별표4에 열거하고 있는 장애인 근로사업장을 운영하는 경우, 해당 사업은 수익사업에 해당하지 아니한다.

사회복지법인이 운영하는 근로원은 「장애인복지법」 의해 설립된 장애인복지시설(장애인근로사업장)로서 장애인의 고용촉진과 직업재활을 위해 장애인을 고용하여 제조업 및 임가공사업 등의 수익사업 운영하고 그 수익금으로 장애인들의 급여와 관리운영비를 지급하고 있다.
또한 지방자치단체로부터 관리직원의 인건비와 운영비를 보조받고 있다.

(1) 수익사업의 범위

법인세법 시행령 제2조【수익사업의 범위】

「법인세법」(이하 "법"이라 한다) 제3조제3항제1호에서 "대통령령으로 정하는 것"이란 통계청장이 고시하는 한국표준산업분류(이하 "한국표준산업분류"라 한다)에 의한 각 사업 중 수익이 발생하는 것을 말하나, 다음의 사업을 제외한다.

보건 및 사회복지사업 중 「장애인복지법」 제58조제1항에 따른 장애인복지시설에서 제공하는 사회복지사업

(2) 장애인복지법 시행규칙 [별표4] 장애인복지시설의 종류

1) 장애인직업재활시설

① 장애인 보호작업장

직업능력이 낮은 장애인에게 직업적응능력 및 직무기능 향상훈련 등

직업재활훈련 프로그램을 제공하고, 보호가 가능한 조건에서 근로의 기회를 제공하며, 이에 상응하는 노동의 대가로 임금을 지급하며, 장애인 근로사업장이나 그 밖의 경쟁적인 고용시장으로 옮겨갈 수 있도록 돕는 역할을 하는 시설

② 장애인 근로사업장

직업능력은 있으나 이동 및 접근성이나 사회적 제약 등으로 취업이 어려운 장애인에게 근로의 기회를 제공하고, 최저임금 이상의 임금을 지급하며, 경쟁적인 고용시장으로 옮겨갈 수 있도록 돕는 역할을 하는 시설

3. 장애인 고용부담금

(1) 의의

"장애인고용부담금"이란 장애인을 고용하는 사업주와 고용하지 않는 사업주의 경제적 부담을 평등하게 조정함으로써 장애인고용에 따른 비용을 보전해 주기 위해 현재 근로자를 고용하고 있는 사업주가 법에서 정한 장애인 의무고용률에 맞추어 장애인을 고용하지 않는 경우에 납부하는 부담금을 말한다.

(2) 대상 사업주

상시 100명 이상의 근로자를 고용하는 사업주가 의무고용률(근로자 총수의 2.5%)에 못 미치는 장애인을 고용하는 경우에는 매년 고용노동부장관으로부터 장애인고용부담금의 징수에 관한 업무를 위탁받은 한국장애인고용공단에 장애인고용부담금을 납부해야 한다.

상시 50명 이상의 근로자를 고용하는 사업주는 장애인을 고용할 의무는 있으나 (「장애인고용촉진 및 직업재활법」 제28조), 상시 50명 이상 100명 미만의 근로자를 고용하는 사업주에 대해서는 장애인고용부담금의 납부의무를 면제하고 있다(「장애인고용촉진 및 직업재활법」 제33조제1항).

(3) 법인(소득세)법상 해당 장애인 고용부담금은 법인세법 21조의 규정에 의한 공과금에 해당되어 손금(=비용처리) 가능한지?

법인이 장애인고용촉진및직업재활법 제27조의 규정에 의하여 노동부장관에게 납부하는 장애인고용부담금은 각 사업연도의 소득금액을 계산함에 있어 손비로 인정되는 공과금에 해당한다.

이 밖에 손금인정(비용처리 가능)되는 공과금은 다음과 같다.

① 교통유발부담금
② 환경개선부담금
③ 장애인고용부담금
④ 상공회의소회비
⑥ 도로교통안전분담금
⑦ 직업훈련부담금

법인세법 제21조에서는 제세공과금의 손금불산입(=비용인정 불가) 규정이 있다. 법령에 의한 의무의 불이행 또는 금지, 제한 등의 위반에 대한 제재로서 부과되는 공과금의 경우에 비용인정이 되지 아니한다. 이를 인정할 경우 벌금 등의 금액만큼 과세소득이 줄어들어 법인세(소득세)를 적게 납부하게 된다.

장애인고용부담금은 손금불산입이 아니라 손금산입이 가능한 공과금으로 보고 있다. 장애인에 대한 자립의 시작은 소득의 발생에서부터 시작된다. 이는 사업장에서 장애인을 채용함으로써 완성된다고 할 수 있다. 단순히 의무고용인원을 채우지 못하여 고용부담금 납부로 이를 갈음하고 비용까지 인정된다면 해당 사업장 입장에서는 더 쉬운 길로 가려할 것이다. 굳이 어려운 쪽을 선택할 사업장이 얼마나 될 것인지 이 부분에 대한 논의가 있어야 할 것으로 본다.

제7장

부가가치세법상 장애인 관련 사항

1. 사업자등록 관련

사업자등록은 사업개시일로부터 20일이내 (신규사업자의 경우 개업 이전 등록 가능)하도록 되어 있다. 이 경우 매출액의 규모에 따라 일반 과세자와 간이과세자로 구분하여 등록하게 된다.(취급품목이 부가가치 세 면세대상일 경우 면세사업자로 등록)

간이과세자가 일반과세자에 비하여 부가가치세액 납부에 있어서 상 대적으로 낮은 부담을 하게 되기 때문에 초기에 매출액이 크지 않다면 간이과세자로 등록하는 경우가 있으나, 장애인의 경우라도 사업자등록 과 관련하여 특별한 혜택을 부여하지는 않고 있다.

구 분	일반과세자	간이과세자
적용대상자	법인사업자 간이과세자 이외의 개인사업자	직전 1역년 공급대가가 *4,800만원 미만인 개인사업자
과세표준	공급가액	공급대가(공급가액+부가가치세액)
거래징수	재화용역의 공급시 거래징수의무 있음	해당사항 없음
세금계산서	세금계산서 또는 영수증 발급	영수증발급만 가능
납부의무면제	해당사항 없음	공급대가 1,200만원 미만(6개월 간 매출)
환급여부	환급가능	환급불가

* 금액적으로 4,800만원에 미달하는 개인이라도
  ① 간이과세가 적용되지 아니하는 다른 사업장을 보유하고 있는 사업자
  ② 업종, 규모, 지역 등을 고려하여 대통령령으로 정하는 사업자 (지역에 따라서 사 업장면적과 특정구역의 경우 매출액과 상관없이 간이과세를 적용하지 않는 경우 도 있다.)

2. 장애인 관련 사업의 과세유형별 구분

(1) 장애인 제조업 등록시 간이과세 적용여부

제조업은 자영업자가 장애인인 경우에도 간이과세자로 사업자등록을 할 수 없다.

그러나 제조업인 경우에도 주로 최종소비자에게 재화를 공급하는 사업으로서 다음의 것은 간이과세를 적용할 수 있다.

① 과자점업, 도정업, 제분업
② 양복점업, 양장점업, 양화점업
③ 그 밖에 자기가 공급하는 재화의 50%이상을 최종소비자에게 공급하는 사업으로서 국세청장이 정하는 것

(2) 장애인 보장구 판매업 및 대여업

조세특례제한법 시행령 제105조 각 호에 열거된 품목을 공급(판매)하는 경우에는 공급받는 자가 누구인지 여부에 관계없이 부가가치세 영세율이 적용되는 것이나, 동 열거된 품목에 해당되지 않는 품목은 부가가치세가 일반세율(10%)로 과세되며 동 법령에 열거된 품목이라도 공급(판매)이 아니라 대여인 경우에는 동 법령에 따른 부가가치세 면제 규정이 적용되지 않는다.

한편, 「노인장기요양보험법」 제2조 제4호에 따른 장기요양기관이 같은 법에 따라 장기요양인정을 받은 자에게 신체활동·가사활동의 지원 또는 간병을 위해 복지용구를 대여하는 경우, 동 대여 용역에 대해서는 「부가가치세법 시행령」 제29조 제13호에 따라 부가가치세가 면제된다.

따라서 장애인 보장구의 공급(판매)분은 조세특례제한법 시행령 제105조 규정에 열거된 품목으로 영세율이 적용되는 것이나, 대여하는

경우에는 부가가치세 10%가 과세되는 것이다.

　노인장기요양보험법 제2조 제4호에 따른 장기요양기관이 같은 법에 따라 장기요양인정을 받은 자에게 신체활동·가사활동의 지원 또는 간병을 위해 복지용구를 대여하는 경우에는 부가가치세가 면제된다.

조세특례제한법 제105조 【부가가치세 영세율의 적용】
4. 장애인용 보장구, 장애인용 특수 정보통신기기 및 장애인의 정보통신기기 이용에 필요한 특수 소프트웨어로서 대통령령으로 정하는 것

조세특례제한법 시행령
제105조 【부가가치세 영세율의 적용】
① 법 제105조제1항제2호에서 "대통령령으로 정하는 것"이란 골프연습장을 말한다.
② 법 제105조제1항제4호에서 "대통령령으로 정하는 것"이란 다음 각 호의 어느 하나에 해당하는 것을 말한다.
　1. 의수족
　2. 휠체어
　3. 보청기
　4. 점자판과 점필
　5. 시각장애인용 점자정보단말기
　6. 시각장애인용 점자프린터
　7. 청각장애인용 골도전화기
　8. 시각장애인용으로 특수제작된 화면낭독소프트웨어
　9. 지체장애인용으로 특수제작된 키보드 및 마우스
　10. 보조기(팔·다리·척추 및 골반보조기만 해당한다)
　11. 지체장애인용 지팡이
　12. 시각장애인용 흰지팡이
　13. 청각장애인용 인공달팽이관시스템
　14. 목발

15. 성인용 보행기
16. 욕창예방물품(매트리스·쿠션 및 침대만 해당한다)
17. 인공후두
18. 장애인용 기저귀
19. 텔레비전 자막수신기(국가·지방자치단체 또는 「전파법」 제66조에 따라 설립된 한국방송통신전파진흥원이 청각장애인에게 무료로 공급하기 위하여 구매하는 것만 해당한다)
20. 청각장애인용 음향표시장치
21. 시각장애인용 인쇄물 음성변환 출력기
22. 시각장애인용 전자독서 확대기
23. 시각장애인 전용 음성독서기
24. 화면해설방송수신기(국가·지방자치단체 또는 「민법」 제32조에 따라 설립된 사단법인 한국시각장애인연합회가 시각장애인에게 무료로 공급하기 위하여 구매하는 것만 해당한다)

(4) 의료용품상의 휠체어 등 판매시 영세율 적용여부

휠체어, 보청기 등을 관련 법률에 의하여 장애인 등록된 자에게 판매하는 경우에만 영세율이 적용될 뿐만 아니라 품목이 휠체어, 보청기이면 관련 법률에 의하여 장애인 등록된 자 뿐 만아니라 이를 필요로 하는 일반인에게 영세율을 적용한다.

즉 공급받는 자가 누구인지 불문하고 공급되는 재화가 조세특례제한법시행령 제105조에 열거된 장애인용 보장구라면 부가가치세 영세율이 적용되는 것이다.

기본통칙 105-【 장애인용 보장구 등의 영세율 적용범위 】사업자가 영 제105조에 규정된 장애인용 보장구, 장애인용 특수정보통신기기(텔레비전 자막수신기를 제외한다), 장애인의 정보통신기기 이용에 필요한 특수 소프트웨어를 공급하는 경우에는 공급받는 자가 누구(장애인, 사업자, 의료기관 등)인지 여부에 관계없이 부가가치세 영세율이 적용된다.

(5) 기저귀(성인용 및 환자용) 판매

① 성인용 기저귀 판매사업자의 경우 해당 재화를 공급시 장애인용 기저귀로 판단하여 영세율을 적용하는 것인지 아니면 영유아용 기저귀 공급하는 경우로 보아 부가가치세가 면제를 적용하여야 하는지 명확한 내용은 없으나 성인용 기저귀는 장애인용 기저귀에 해당하는 것으로서 영세율세금계산서를 발행하는 것으로 판단된다.

② 대변 또는 소변(예, 요실금 환자)을 스스로의 힘으로 가리기 힘든 장애인을 위하여 제작된 기저귀의 공급에 대하여는 영세율을 적용할 수 있는 것으로 본다.

③ 배뇨장애 등 장애가 있는 아기 기저귀의 영세율 해당하는지 여부
배뇨장애가 있는 아이가 성인용 기저귀를 사용하기 전까지 사용하는 유아용 기저귀의 경우 장애인용 기저귀에 해당하지 아니하는 것이다.

그러나 보통 아이들의 경우 3~4세면 기저귀를 떼나 배뇨장애가 있는 경우에는 계속 아기 기저귀를 착용하다가 성인이 되어서야 성인용 기저귀를 착용하는데 현재 성인용 기저귀를 착용하는 성인 중 장애인등록을 하지 않고 사용하는 경우도 많으리라 생각되어 성인용 기저귀만 부가가치세 영세율 적용을 받는 것은 형평성에 어긋나고 장애가 있는 아기의 기저귀에 대하여도 영세율이 적용되어야 할 것으로 사료된다.

(6) 수의사 및 애완동물용역에 대한 부가가치세 관련

장애인 복지법에 따른 장애인보조견 표지를 받은 장애인보조견의 진료용역에 대해서는 부가가치세를 면세한다.

(7) 장애인콜택시

사업자가 지방자치단체 또는 지방자치단체로부터 위탁받은 사업자로부터 위탁받아 수행하는 특별교통수단(휠체어승강기가 장착된 승합차로서 "장애인콜택시"라 통칭함)의 운송용역은 부가가치세를 면제하는 것이다.

(8) 전동침대 및 라텍스매트리스가 장애인용보장구에 해당하는지 여부

사용자가 쉽게 등, 다리의 위치를 변경하여 장시간 침대에 누워 생활할 때 발생할 수 있는 욕창을 예방하는데 도움이 되며, 거동이 불편한 사용자나 사용자를 수발하는 자가 체위를 변경하거나 침대에서 오르고 내리는데 도움을 주는 용도로 제작된 전동침대와 침대용 매트리스로서 체중을 분산해주는 효과로 욕창을 방지할 수 있는 제품인 라텍스, 메모리폼 매트리스를 수입하여 노인, 환자, 장애인에게 판매하는 경우 영의 세율이 적용되는지에 대한 판단은 당해 물품의 용도 및 기능 등에 의하여 사실판단할 사항이다.

(9) 시각 장애인 안마사에 의해 제공된 용역의 부가가치세 면세 여부

의료법에 규정하는 접골사·침사·구사 또는 안마사가 제공하는 용역은 부가가치세 면세로 규정하고 있다. 안마용역은 의료보건용역의 하나로서 국민후생용역으로 분류되고 생존을 위해 최종소비자가 아무런 중간단계를 거치지 않고 직접 소비하는 용역이기 때문에 면세가 필요하다.

의료법에 규정하는 안마사에 의하여 안마용역이 제공된 경우에는 그 사업자가 누구인가에 관계없이 부가가치세 면제 대상에 해당한다고 봄이 상당하다(고등법원 판결).

3. 장애인 단체 등 사업

(1) 장애인의 단체 등의 재화 공급

사업목적이 영리, 비영리이든 관계없이 사업상 독립적으로 재화 또는 용역을 공급하는 자는 부가가치세를 납부할 의무가 있는 것으로 장애인단체에서 사업상 계속적으로 과세물품을 공급하는 경우에는 부가가치세가 과세되는 것이다.

다만, 장애인단체가 국가나 지방자치단체에 해당하는 경우 및 위탁운영하는 단체에 해당하는 경우에는 부가가치세가 면제되는 것이다.

> 장애인보호작업장이 부가가치세가 면제되는 교육용역인 장애인직업재활훈련용역의 제공시 부수적으로 생산된 재화를 공급하는 경우 그 재화의 공급은 부가가치세가 면제됨
> 관할 세무서장으로부터 승인받은 법인으로 보는 단체로서, 장애인직업재활시설로 주무관청에 신고된 장애인보호사업장을 운영하는 자가 장애인에게 직업재활훈련프로그램을 제공하는 경우에는 면세되는 교육용역에 해당하는 것이며, 그 운영자가 해당 직업재활훈련과정에 필수적으로 부수되어 생산된 제품을 공급하는 경우에는 부가가치세를 면제하는 것이다.

(2) 고유번호를 부여받은 장애인 단체의 재화 공급시 계산서 등 발행

수익사업을 영위하지 않는 비영리법인으로서 법인세의 납세의무나 가산세 등은 해당되지 않더라도 계산서를 발급하여야 할 것으로 판단된다.

사례

장애인복지법에 따른 장애인복지시설로 장애인보호작업장으로 승인받아 고유번호를 부여받은 장애인 보호작업장에서 중증장애인생산품시설로 제공하는 용역에 대하여 고유번호로 계산서를 발급할수 있는지?
수익사업을 영위하지 않는 비영리법인으로서 관련 규정에 따르면 발급하여야 할 것

으로 사료된다. 그러나 수익사업을 영위하지 않는 비영리법인으로부터 재화 또는 용역을 공급받은 법인은 세금계산서, 계산서 등 법정정규 증명서류의 수취의무는 없다.

공익을 목적으로 하는 단체(이하 "공익단체"라 함)가 그 고유의 목적사업을 위하여 일시적으로 공급하거나 실비 또는 무상으로 공급하는 재화 또는 용역은 부가가치세가 면제되는 것으로, 부가가치세 면제 여부는 공익단체 해당여부, 제공하는 용역이 고유사업 목적인지 여부 및 그 대가가 실비에 해당하는지 등의 구체적인 사실에 따라 판단할 사항이다.

(3) 수익사업 여부 판단

법인세법에서는 수익사업의 범위에서 다음 사업을 제외한다고 명시함으로 해당 내용에 부합된다면 수익사업에 해당되지 아니한다.

> 보건 및 사회복지사업 중 다음 각 목의 어느 하나에 해당하는 사회복지시설에서 제공하는 사회복지사업으로 「장애인복지법」 제58조 제1항에 따른 장애인복지시설

 **보충설명**　「장애인복지법」 제58조 제1항에 따른 장애인복지시설

제58조(장애인복지시설)

① 장애인복지시설의 종류는 다음 각 호와 같다.
1. 장애인 거주시설 : 거주공간을 활용하여 일반가정에서 생활하기 어려운 장애인에게 일정 기간 동안 거주·요양·지원 등의 서비스를 제공하는 동시에 지역사회생활을 지원하는 시설
2. 장애인 지역사회재활시설 : 장애인을 전문적으로 상담·치료·훈련하거나 장애인의 일상생활, 여가활동 및 사회참여활동 등을 지원하는 시설
3. 장애인 직업재활시설 : 일반 작업환경에서는 일하기 어려운 장애인이 특별히 준비된 작업환경에서 직업훈련을 받거나 직업 생활을 할 수 있도록 하는 시설

4. 장애인 의료재활시설 : 장애인을 입원 또는 통원하게 하여 상담, 진단·판정, 치료 등 의료재활서비스를 제공하는 시설

5. 그 밖에 대통령령으로 정하는 시설(법 제58조제1항제5호에서 "그 밖에 대통령령으로 정하는 시설"이란 장애인 생산품판매시설을 말한다)

② 제1항 각 호에 따른 장애인복지시설의 구체적인 종류와 사업 등에 관한 사항은 보건복지부령으로 정한다.

(장애인복지시설의 종류와 사업) 법 제58조제2항에 따른 장애인복지시설의 구체적인 종류는 별표 4와 같이 구분하고, 장애인복지시설의 종류별 사업은 별표 5에서 정하는 바에 따른다.

[별표 4]
장애인복지시설의 종류(제41조 관련)

구분	시설의 종류 및 기능
1. 장애인 생활시설	가. 장애유형별 생활시설 : 장애유형이 같거나 유사한 장애를 가진 사람들을 입소 또는 통원하게 하여 그들의 장애유형에 적합한 의료·교육·직업·심리·사회 등 재활서비스와 주거서비스를 제공하는 시설 나. 중증장애인 요양시설 : 장애의 정도가 심하여 항상 도움이 필요한 사람을 입소하게 하여 상담·치료 또는 요양 서비스를 제공하는 시설 다. 장애영유아 생활시설 : 6세 미만의 장애영유아를 입소 또는 통원하게 하여 보호함과 동시에 그 재활에 필요한 의료·교육·심리·사회 등 재활서비스를 제공하는 시설
2. 장애인 지역사회 재활시설	가. 장애인복지관 : 장애인에 대한 각종 상담 및 사회심리·교육·직업·의료재활 등 장애인의 지역사회생활에 필요한 종합적인 재활서비스를 제공하고 장애에 대한 사회적 인식 개선사업을 수행하는 시설 나. 장애인 의료재활시설 : 장애인을 입원 또는 통원하게 하여 상담, 진단·판정, 치료 등 의료재활서비스를 제공하는 시설 다. 장애인 주간보호시설 : 장애인을 주간에 일시 보호하여 장애인에게 필요한 재활서비스를 제공하는 시설 라. 장애인 단기보호시설 : 장애인을 일정기간 보호하여 장애인에게 필요한 재활서비스를 제공하는 시설 마. 장애인 공동생활가정 : 스스로 사회에 적응하기 곤란한 장애인들이 장애인복지 전문인력에 의한 지도와 보호를 받으며 공동으로 생활하는 지역사회 내의 소규모 주거시설 바. 장애인 체육시설 : 장애인의 체력증진 또는 신체기능 회복활동을 지원하고 이와 관련된 편의를 제공하는 시설 사. 장애인 수련시설 : 장애인의 문화·취미·오락활동 등을 통한 심신수련을 조장·지원하고 이와 관련된 편의를 제공하는 시설 아. 장애인 심부름센터 : 이동에 상당한 제약이 있는 장애인에게 차량 운행을 통한 직장 출퇴근 및 외출 보조나 그 밖의 이동서비스를 제공하는 시설 자. 수화통역센터 : 의사소통에 지장이 있는 청각·언어장애인에게 수화통역 및 상담서비스를 제공하는 시설 차. 점자도서관 : 시각장애인에게 점자간행물 및 녹음서를 열람하게 하는 시설 카. 점자도서 및 녹음서 출판시설 : 시각장애인을 위한 점자간행물 및 녹음서를 출판하는 시설

구분	시설의 종류 및 기능
3. 장애인 직업재활 시설	가. 장애인 보호작업장 : 직업능력이 낮은 장애인에게 직업적응능력 및 직무기능 향상훈련 등 직업재활훈련 프로그램을 제공하고, 보호가 가능한 조건에서 근로의 기회를 제공하며, 이에 상응하는 노동의 대가로 임금을 지급하며, 장애인 근로사업장이나 그 밖의 경쟁적인 고용시장으로 옮겨갈 수 있도록 돕는 역할을 하는 시설 나. 장애인 근로사업장 : 직업능력은 있으나 이동 및 접근성이나 사회적 제약 등으로 취업이 어려운 장애인에게 근로의 기회를 제공하고, 최저임금 이상의 임금을 지급하며, 경쟁적인 고용시장으로 옮겨갈 수 있도록 돕는 역할을 하는 시설
4. 장애인 유료복지 시설	장애인 생활시설로서 장애인에게 필요한 치료, 상담, 훈련 등 편의를 제공하고 모든 비용을 입소한 자로부터 수납하여 운영하는 시설
5. 장애인 생산품 판매시설	장애인 생산품의 판매활동 및 유통을 대행하고, 장애인 생산품이나 서비스·용역에 관한 상담, 홍보, 판로 개척 및 정보제공 등 마케팅을 지원하는 시설

제8장

조세특례제한법상
장애인 금융상품의
비과세 및 감면, 세액공제

> 현행 세법상 장애인 관련한 금융상품 중 비과세 및 세금우대상품에 대해서 간략히 소개한다.

1. 생계형저축

(1) 비과세 혜택 금액

거주자가 1명당 저축원금이 3천만원 이하인 대통령령으로 정하는 저축(이하 이 조에서 "생계형저축"이라 한다)을 하는 경우 해당 저축에서 발생하는 이자소득 또는 배당소득에 대해서는 소득세(농어촌특별세도 부과하지 않음)를 부과하지 아니한다.

비과세 생계형 저축은 모든 금융회사 취급하며 중도해지 및 만기후 이자에 대해서도 비과세 혜택이 주어진다.

(2) 가입기한 : 2014년 12월 31일까지 가입

(3) 가입대상자

① 거주자인 60세 이상의 노인
② 「장애인복지법」 제32조에 따라 등록한 장애인
③ 「독립유공자 예우에 관한 법률」 제6조에 따라 등록한 독립유공자와 그 유족 또는 가족
④ 「국가유공자 등 예우 및 지원에 관한 법률」 제6조에 따라 등록한

상이자(傷痍者)

⑤ 「국민기초생활보장법」 제2조제2호에 따른 수급자

⑥ 「고엽제후유의증 환자지원 등에 관한 법률」 제2조제3호에 따른 고엽제후유의증환자

⑦ 「5·18민주유공자 예우에 관한 법률」 제4조제2호에 따른 5·18 민주화운동부상자

(4) 생계형저축을 취급하는 금융기관은 생계형저축통장 또는 거래카드의 표지·속지 또는 거래내역서 등에 "생계형저축"이라는 문구를 표시하여야 한다.

 대통령령으로 정하는 저축

「금융실명거래 및 비밀보장에 관한 법률」 제2조제1호 각목의 금융기관 또는 다음 각 호의 1에 해당하는 공제회가 취급하는 저축으로서 금융기관 및 공제회에 가입한 계약 금액의 총액이 3천만원 이내인 저축(투자신탁·보험·공제·증권저축·채권저축 등을 포함하며, 이하 이 조에서 "생계형저축"이라 한다)을 말한다.
① 「군인공제회법」에 의하여 설립된 군인공제회
② 「대한교원공제회법」에 의하여 설립된 대한교원공제회
③ 「대한지방행정공제회법」에 의하여 설립된 대한지방행정공제회
④ 「경찰공제회법」에 의하여 설립된 경찰공제회
⑤ 「대한소방공제회법」에 의하여 설립된 대한소방공제회
⑥ 「과학기술인공제회법」에 따라 설립된 과학기술인공제회

2. 세금우대저축

(세금우대저축은 장애인에게만 주어지는 특별 혜택은 아니다.)

(1) 가입대상

농민·어민 및 그 밖에 상호 유대를 가진 거주자를 조합원·회원 등으로 하는 금융기관에 대한 1명당 1천만원 이하의 출자금으로서 대통령령으로 정하는 출자금의 배당소득(2012년 12월 31일까지 받는 것만 해당한다)과 그 조합원·회원 등이 그 금융기관으로부터 받는 사업 이용 실적에 따른 배당소득(2012년 12월 31일까지 받는 것만 해당한다)에 대해서는 소득세를 부과하지 아니한다.

다만, 농어촌특별세 1.5%는 부과된다.

(2) 해당 금융기관

① 「농업협동조합법」에 의한 조합
② 「수산업협동조합법」에 의한 수산업협동조합
③ 「산림조합법」에 의한 조합
④ 「신용협동조합법」에 의한 신용협동조합
⑤ 「새마을금고법」에 의한 금고

3. 세금우대종합저축

(세금우대종합저축은 장애인에게만 주어지는 특별 혜택은 아니나, 가입금액에는 일부 혜택이 주어진다.)

(1) 가입대상

거주자가 다음 각 호의 요건을 모두 갖춘 저축(이하 "세금우대종합저축"이라 한다)에서 발생하는 이자소득 및 배당소득에 대한 원천징수세율은 9%로 하고, 그 이자소득 및 배당소득은 종합소득에 대한 과세

표준을 계산할 때 산입하지 아니하며, 그 이자소득 및 배당소득에 대해서는 지방소득세 소득분을 부과하지 아니한다.

① 「금융실명거래 및 비밀보장에 관한 법률」 제2조제1호 각 목의 어느 하나에 해당하는 금융회사등(이하 이 조에서 "금융회사등"이라 한다)이 취급하는 적립식 또는 거치식 저축(집합투자증권저축·공제·보험·증권저축 및 대통령령으로 정하는 채권저축 등을 포함한다)으로서 저축 가입 당시 저축자가 세금우대 적용을 신청할 것

② 계약기간이 1년 이상일 것

③ 모든 금융회사등에 가입한 세금우대종합저축의 계약금액 총액이 다음 어느 하나에 해당하는 금액 이하일 것.

　가. 20세 이상인 자 : 1명당 1천만원

　나. 장애인 등 : 1명당 3천만원

(2) 가입기간 : 2014년 12월 31일까지 가입

(3) 세금우대종합저축을 계약일부터 1년 이내에 해지 또는 인출하거나 그 권리를 이전하는 경우 당초 원천징수한 세액(9%)과 소득세법상 이자소득 원천징수세율(14%)의 차이를 원천징수하여야 한다.

다만, 가입자의 사망·해외이주 등 부득이한 사유가 있는 경우에는 그러하지 아니하다.

4. 조합예탁금

(조합예탁금은 장애인에게만 주어지는 특별혜택은 아니다.)

(1) 가입대상

농민·어민 및 그 밖에 상호 유대를 가진 거주자를 조합원·회원 등으로 하는 조합 등에 대한 예탁금으로서 가입 당시 20세 이상인 거주자가 가입한 예탁금(1명당 3천만원 이하의 예탁금만 해당하며, 이하 "조합등예탁금"이라 한다)

(2) 가입기간에 따른 세율 적용

① 2007년 1월 1일부터 2012년 12월 31일까지 발생하는 이자소득에 대해서는 비과세
② 2013년 1월 1일부터 2013년 12월 31일까지 발생하는 이자소득에 대해서는 5%의 세율을 적용하며, 그 이자소득은 종합소득과세표준에 합산하지 아니하며, 지방소득세 소득분을 부과하지 아니한다.
③ 2014년 1월 1일 이후 조합등 예탁금에서 발생하는 이자소득에 대해서는 9%의 세율을 적용하고, 종합소득과세표준에 합산하지 아니하며, 지방소득세 소득분을 부과하지 아니한다.

5. 저축성보험의 보험차익에 대한 비과세

(저축성보험의 보험차익 비과세는 장애인에게만 주어지는 특별 혜택은 아니다.)

보험은 사망, 질병, 사고 등에 대비하기 위한 보장성 보험과 만기에 납입보험료에 이자를 합한 금액을 보험금으로 지급받는 저축성 보험으로 구분된다.

　현행 소득세법에서는 저축성 보험 중 보험기간이 10년 미만인 것에 대하여만 이자소득으로 보아 소득세를 과세하고 있다. 따라서 저축성보험 중 보험기간이 10년 이상인 것은 소득세 과세대상이 아니다. 다만, 보험기간이 10년 이상이지만 최초 납입일로부터 10년이 경과하기 전에 납입한 보험료를 확정된 기간동안 연금형태로 분할하여 지급받는 경우에는 이를 이자소득으로 보아 소득세를 과세한다.

제2절

세액공제

1. 근로자복지 증진을 위한 시설투자에 대한 세액공제

(1) 내국인이 그 종업원의 주거 안정 등 복지 증진을 위하여 다음 해당하는 시설을 2012년 12월 31일까지 취득(신축 또는 구입을 포함) 한 경우에는 해당 시설의 취득금액(해당 시설에 딸린 토지의 매입대금 은 제외)의 100분의 7(수도권 밖의 지역에 있는 미분양주택과 직장어 린이집 시설을 취득한 경우에는 100분의 10)에 상당하는 금액을 취득 일이 속하는 과세연도의 소득세(사업소득에 대한 소득세로 한정한다) 또는 법인세에서 공제한다.

(2) 시설투자세액공제 대상

① 무주택 종업원(출자자인 임원은 제외한다)에게 임대하기 위한 국 민주택
② 종업원용 기숙사
③ 「영유아보육법」에 따른 직장어린이집
④ 장애인·노인·임산부 등의 편의 증진을 위한 시설로서 대통령령 으로 정하는 시설
⑤ 종업원의 휴식 또는 체력단련 등을 위한 시설로서 대통령령으로 정하는 시설 (휴게실, 체력단련실, 샤워시설, 목욕시설)

[별표 9]

장애인·노인·임산부 등의 편의시설(제43조관련)

구분	적용범위
1. 장애인·노인·임산부 등을 위한 편의시설	가. 장애인용 승강기, 장애인용 에스컬레이터, 휠체어 리프트, 시각 및 청각 장애인 유도·안내설비, 점자블록, 시각 및 청각 장애인 경보·피난설비, 장애인용 화장실에 설치되는 장애인용 대변기·소변기·세면대, 장애인 등이 이용가능한 접수대·작업대 및 장애인 등이 출입가능한 자동문 나. 장애인 등이 통행할 수 있는 계단·경사로, 장애인 등이 이용할 수 있는 객실·침실 및 장애인 등이 이용할 수 있는 관람석·열람석
2. 버스, 기차 등 교통수단에 설치하는 편의시설	자동안내방송장치, 전자문자안내판, 휠체어승강설비
3. 통신시설	점자표시전화기, 큰문자버튼전화기, 음량증폭전화기, 보청기호환성전화기, 골도전화기(청각장애인을 위하여 두개골에 진동을 주는 방법으로 통화가 가능한 전화기를 말한다)
4. 장애인의 직업생활을 위한 편의시설	가. 장애인용으로 제작된 작업대 및 작업장비(작업물 운송 및 운반장치, 특수작업의자, 휠체어용 작업테이블, 경사각작업테이블, 높낮이 조절 작업 테이블) 나. 장애인용으로 제작된 작업보조공학기기(청각장애인용 신호장치, 소리증폭장치, 화상전화기, 문자전화기, 보완대체의사소통장치, 특수키보드, 특수마우스, 점자정보단말기, 점자프린트, 음성지원카드, 컴퓨터 화면확대 소프트웨어, 확대독서기, 문서인식 소프트웨어, 음성메모기, 대형모니터) 다. 장애인근로자의 통근용 승합자동차 및 특수설비 라. 의무실 또는 물리 치료실 등 장애인 고용에 필요한 부대시설(장애인근로자가 10인 이상이고 전체 근로자의 100분의 30 이상일 경우에 한함)

비고 : 1. 제1호나목에 규정된 시설의 경우에는 장애인 등이 이용 가능하도록 건물 등의 구조를 변경함에 따라 발생하는 비용에 한정한다.
2. 장애인·노인·임산부등의 편의시설은 「장애인·노인·임산부 등의 편의 증진보장에 관한 법률 시행령」 별표 1에 따른 편의시설의 구조·재질 등에 관한 세부기준에 적합한 것에 한정한다.

[편저자 주] 장애인, 장애인 자녀 또는 부양가족 보호 세액공제

현재 우리나라에서 시행되고 있는지는 않으나 장애인 본인과 자녀, 부양가족을 두고 있는 납세자에게 장애인 부양가족 보호를 위한 (예를 들어 장애인 간병을 위한 비용 등) 비용을 세액공제 하는 것은 부양하고 있는 장애인 가족의 세부담을 줄일 수 있는 세금지원제도라 할 것이다.

납세자 자신이 일하기 위해 또는 구직활동을 위해 자신의 장애인 부양가족이나 배우자 보호 비용을 지급한다면 장애인 부양가족을 둔 납세자는 일반인보다 더 많은 경제적 부담을 한다. 이 부분을 사회가 나눠 부담하는 차원에서 세액공제 신설이 요구된다.

제9장

장애인 차량 관련

1. 소득세법상 관련 검토

근로소득자는 다음의 자가운전보조금에 대하여 비과세 적용을 받을 수 있다.

(1) 자가운전보조금

실비변상적인 성질의 급여로서 소득세법상 비과세 근로소득에 해당한다.

(2) 대상 금액

월 20만원

(3) 요건

① 종업원의 소유차량

예외적으로 부부공동명의 차량의 경우에는 비과세가 적용되지만, 부부이외의 자와 공동명의인 차량의 경우에는 비과세적용이 되지 않는다.

② 종업원이 직접 운전하여 사용자의 업무수행에 이용

③ 시내출장 등 소요된 실제 여비를 받는 대신에 그 소요경비를 해당 사업체의 규칙 등에 의하여 정하여진 지급기준에 따른 받는 금액

(4) 비과세 검토시 유의사항

① 직원의 출·퇴근 편의를 위하여 지급하는 교통보조금은 자기차량운전보조금에 해당하지 않는다.

② 타인명의 차량 등에 대한 자기차량운전보조금 적용여부

구　　분		비과세 여부
타인(배우자, 장애인 등) 명의 차량		비과세 불가
공동명의	부부 공동명의 차량	비과세 가능
	배우자 외의 자와 공동명의	비과세 불가

　따라서 장애인 부모님, 자녀, 형제자매 명의의 차량 그리고 공동명의 차량에 대해서는 자가운전보조금의 비과세 적용받을 수 없다. 그러나 장애인인 배우자와 공동명의의 경우에는 비과세 적용이 가능하다.

사례

갑은 영업이 주된 업무를 하고 있으며 고객을 만날 때 법인 소유 차량이 없기 때문에 항상 개인차량을 이용하고 있으며　당 차량은 갑과 갑의 장애인 어머니의 소유이다.

해당 차량을 어머니와 공동 소유한 이유는 어머니가 시각 장애인이어서 장애인 소유 자동차에 대한 감면을 적용받기 위함이며 주말이나 휴일에는 갑이 해당 차량을 이용하여 어머니를 동행하여 외출하고 있는 상황이다. 어머니는 장애가 있고 고령이어서 소득이 없고 운전면허증도 없는 상태이며 해당 차량의 사용(운전) 및 유류대, 수리비, 자동차세의 부담은 모두 갑이 하고 있다.

이 경우 갑이 지급받는 차량유지비가 소득세가 비과세되는 자기차량운전보조금에 해당하는지 여부는?

종업원이 장애인인 어머니와 공동 소유한 차량은 「소득세법 시행령」제12조제3호에 따른 해당 종업원의 소유차량에 해당하지 아니하므로 자기차량운전보조금에 대한 비과세규정을 적용할 수 없는 것이다.

2. 부가가치세법상 차량의 매입세액공제

(해당 부분은 비사업자인 개인의 경우에는 활용도가 낮은 사항임.)

(1) 매입세액공제 가능 차량

비영업용 소형승용자동차의 구입과 유지 및 임차 관련 비용은 부가가치세 계산시 매입세액공제를 받을 수 없다. 따라서 장애인의 경우 구입한 업무용 차량으로 개별소비세가 부과되지 아니한 차량이라 하더라도 매입세액공제가 가능한 차량이 아니라면 비영업용 소형승용자동차에 해당되어 이와 관련한 구입과 유지비용에 대한 매입세액은 공제되지 않는다.

 **보충설명** 비영업용차량이란?

운수업, 자동차판매업, 자동차임대업, 운전 학원업 및 이와 유사한 업종에서와 같이 자동차를 직접 영업에 사용하는 것 외의 목적으로 사용하는 자동차를 말함

(2) 공제가능한 차량

① 경차 (1,000cc이하로서 길이 3.6미터 이하이고 폭이 1.6미터 이하)
② 9인승 이상 승합차
③ 화물차 등

(3) 공제되지 아니하는 차량

회사별	명칭	정원	공제여부	차종	종류
현대	갤로퍼	5, 6	×	승용	
	갤로퍼-밴	2	○	화물	
	그레이스-미니버스	9, 12	○	승용, 승합	
	그레이스-밴	3, 6	○	화물	
	베라크루즈	7	×	승용	
	산타모	5, 6, 7	×	승용	
	산타모	9	○	승용	
	산타페	7	×	승용	
	스타렉스	7	×	승용	
	스타렉스	9	○	승용	
	스타렉스-밴	6	○	화물	
	아토스	4	○	승용	국민차
	테라칸	7	×	승용	
	투싼	5	×	승용	
	트라제XG	7	×	승용	
	트라제XG	9	○	승용	
	포타	3	○	화물	
	베르나, 엑센트, 엑셀, 아반떼, i30, 엘란트라, 쏘나타(YF, NF, EF), 쏘나타2, 마르샤, 에쿠스, 제네시스, 그랜져, 다이너스티, 제네시스쿠페, 투스카니, 티뷰론, 스쿠프	4, 5	×	승용	

회사별	명 칭	정 원	공제여부	차 종	종 류
기 아	레토나, 록스타	5	×	승용	
	레토나밴, 모닝-밴	2	○	화물	
	모닝	5	○	승용	국민차
	모하비	5	×	승용	
	비스토	5	○	승용	국민차
	쏘렌토	7	×	승용	
	스포티지	5, 7	×	승용	
	스포티지-밴	2	○	화물	
	카니발,카렌스	7	×	승용	
	그랜드 카니발	11	○	승합	
	카니발	9	○	승용	
	카니발 - 밴	6	○	화물	
	타우너-코치,밴,트럭	7, 2	○	승용, 화물	국민차
	프레지오	9, 12, 15	○	승용, 승합	
	프레지오 - 밴	6	○	화물	
	프라이드,리오,쏘울,포르테, 쎄라토, 스펙트라, 슈마, K5, 로체, 옵티마, 크레도스, 오피러스, K7, 엔터프라이즈	5	×	승용	
쉐보레 (GM대우)	다마스 - 밴	2	○	화물	국민차
	다마스 - 코치	7	○	승용	국민차
	라보	2	○	화물	국민차
	레조	7	×	승용	
	마티즈	5	○	승용	국민차
	마티즈 - 밴	2	○	화물	국민차
	윈스톰	5, 7	×	승용	
	티코	5	○	승용	국민차
	젠트라, 칼로스, 라로스, 라세티, 누비라, 에스페로, 토스카, 매그너스, 레간자, 프린스, 슈퍼살롱, 브로엄, 알페온, 베리타스, 스테이츠맨	5	×	승용	

회사별	명 칭	정 원	공제여부	차 종	종 류
쌍 용	렉스턴	5, 7	×	승용	
	로디우스	9,11	○	승용, 승합	
	무쏘	5	×	승용	
	무쏘 - 밴, 스포츠	2, 5	○	화물	
	액티언	5	×	승용	
	액티언 스포츠	5	○	화물	
	카이런	7	×	승용	
	코란도 - 밴	3	○	화물	
	코란도(패밀리)	4, 5, 6	×	승용	
	이스타나	11,12,14, 15	○	승합	
	이스타나 - 밴	2, 6	○	화물	
	체어맨	5	×	승용	
르노삼성	QM5	5	×	승용	
	SM7,SM5,SM3	5	×	승용	

[자료출처 : 국세청]

3. 장애인 차량 구입에 따른 개별소비세법 관련

(1) 장애인 차량 구입의 개별소비세 면세

【 조건부면세의 의의 】
법 제18조에 따른 ˝조건부면세˝란 국가시책으로 특정한 용도에 사용되는 과세물품을 판매장에서 판매하거나 제조장 또는 보세구역으로부터 빤출함에 있어 일정한 조건을 달아 세액을 부담시키지 않는 제도를 말한다.

① 장애인이 승용차를 구입하는 경우 장애인 1인당 1대에 한하여 개별소비세를 면제한다.

다만, 개별소비세는 (장애인을 위한 특수장비 설치비용을 과세표준에서 제외하고 산출한 금액으로) 500만원을 한도로 하여 면제

한다.

② 승용자동차로서 대통령령으로 정하는 장애인이 구입하는 것(장애
인 1명당 1대로 한정한다)

보충설명 　개별소비세법 시행령 장애인

① 「국가유공자 등 예우 및 지원에 관한 법률」에 따른 국가유공자 중 장애인
② 「장애인복지법」에 따른 장애인(장애등급이 1급부터 3급까지에 해당하는 사람으로
   한정한다)
③ 「5·18민주유공자예우에 관한 법률」에 따른 5·18민주화운동부상자로서 같은
   법 제7조에 따라 등록된 사람
④ 「고엽제후유의증 등 환자지원에 관한 법률」에 따른 고엽제후유의증환자로서 경도
   장애 이상의 장애등급 판정을 받은 사람

(2) 개별소비세 면제 가능차량 구입대상자

① 장애인이 본인 명의로 구입

　　장애인이 조건부면세로 승용자동차를 구입시 운전면허증의 제출
이 삭제되어 2010.2.18.이후 최초로 조건부 면세하는 승용자동차
에 대하여는 운전면허증이 없어도 가능하다.

② 장애인과 주민등록표, 외국인등록표 또는 국내거소신고원부에 의
하여 세대를 함께 하는 것이 확인되는 배우자, 직계존비속, 형제
자매 또는 직계비속의 배우자와 공동명의로 구입하는 것으로 한
정한다.

③ 개별소비세 장애인용 승용자동차

자녀가 장애인으로 부모와 주소가 동일하여 함께 거주하고 있으나 주민등록등본 상 세대주가 둘로 나뉘어 각각 등록되어 있음. 이런 경우에는 같이 살고 있는데 개별소비세 면제 구입대상자로 가능한 것인지?

개별소비세를 면세할 승용자동차는 장애인 본인 명의로 구입하거나 장애인과 주민등록표에 의하여 세대를 함께 구성하는 것이 확인되는 배우자 · 직계존비속 · 형제자매 또는 직계비속의 배우자와의 공동명의로 구입하는 것에 한하는 것이다.

사례

장애인 자녀가 조부와 공동명의로 차량을 구입함. 차량구입 후 3년경과하여 조부를 제외한 다른 가족이 주소지를 분리하여 다른 지역으로 전출할 경우 개별소비세 신고 및 납부는?

법령에 의한 장애인이 세대를 함께하는 직계비속 등과 승용자동차를 공동구입 · 등록하는 경우에는 개별소비세가 조건부로 면세되며, 이 경우 5년 이상의 장애요건 및 상시보호요건을 유지하여야 하는 것으로, 이 기간 내에 공동 등록한 직계비속 등이 세대 분리한 경우에는 계산식에 따라 세액계산을 하여 개별소비세를 신고 납부하여야 하는 것이다.
주민등록표상 세대를 같이하는 가족과 공동명의로 등록한 후 보호자를 다른 세대원으로 변경함에 따라 공동명의를 변경하는 경우에는 용도위반에 해당되지 아니하여 당초 면제받은 개별소비세 추징대상에 해당되지 않을 것이나, 다른 세대원으로 변경하지 않고 공동명의로 등록한 보호자가 세대를 같이 하지 않는 경우에는 용도위반에 해당하여 개별소비세를 납부하여야 할 것으로 판단된다.

(3) 노후차량 교체 및 폐차

노후한 장애인 전용 승용차를 교체하거나 폐차하기 위하여 장애인 전용 승용자동차를 취득하여 1인 2대가 된 경우에는 종전의 승용자동차를 새로 취득한 장애인 전용 승용자동차의 취득일부터 3개월 이내에

처분하고, 같은 기간 내에 그 처분 사실을 기획재정부령으로 정하는 신고서로 반입지 관할 세무서장에게 알려야(국세정보통신망을 통하여 알리는 경우를 포함한다) 한다.

사례

장애1급으로 3년전에 차량을 구입. 기존 차량과 별도로 1년전 신치를 구입하게 되어서 이번에 개별소비세로 세금을 추징하여 납부한 경우 개별소비세 추징은 타당한 것인지?
종전의 승용자동차를 새로 취득한 경우 장애인 전용 승용자동차의 취득일부터 3개월 이내에 처분하고, 장애인 전용 승용자동차 처분사실 신고서를 관할 세무서장에게 알려야 새로 취득하는 차량에 대하여 개별소비세 조건부면세를 적용받을 수 있는 것이다.

(4) 조건부 면세물품의 반입자에 의한 용도변경 등

사례

지난 20X1년 1월 장애인 명의로 자동차를 구입함. 현재 부득이한 이유로 차량 이전 또는 매매를 해야 할 상황임. 차량 구입당시 면세된 개별소비세를 추징 받는지?

장애인 명의 차량을 취득하면서 개별소비세를 면제받은 경우로서 반입자가 반입한 날부터 5년 이내에 그 용도를 변경하거나 양도한 경우. 발생하는 경우 관할 세무서장에게 개별소비세를 신고·납부하여야 한다.

다음 어느 하나에 해당하는 경우는 제외한다.
① 대통령령이 정하는 장애인이 구입하는 것(장애인 1명당 1대로 한정)으로 반입자가 반입한 날로부터 5년이내 사망한 경우
② 「여객자동차 운수사업법」에 따른 자동차대여사업용으로서 여객운

송에 사용되는 것으로 반입자가 반입한 날부터 5년 이내에 사망
하여 그 상속인이 상속개시일부터 3개월 이내에 장애인 차량 용
도로 양도하는 경우

부(장애2급)와 공동명의로 된 차량을 구입후 3년 경과. 부의 사망으로 자녀에게 상
속이전 됨. 이 경우 면제 혜택 받았던 부의 개별소비세는 환수되는지?

개별소비세법 시행령 규정에 따라 해당 반입자가 반입한 날부터 5년 이내에 사망한
경우에는 조건부 감면세액의 추징대상에 물품의 용도 변경사유에 해당되지 아니하는
것이므로 감면받은 개별소비세 추징대상에 해당되지 않는다.

(5) 용도변경 등으로 세액을 징수하는 승용자동차에 대한 가격계산 방법

세액계산 = 취득가액 × 경과연수별 잔존가치율 × 세율
(세율 : 배기량 2천cc 초과 10%, 2천cc 이하 5%)

① 개별소비세 과세가격은 취득가격에 조건부면세 승용자동차 반입
연월일을 기준으로 용도를 변경했거나 또는 양도한 날까지의 경
과연수별 잔존가치율을 곱하여 산정한 것(천원 미만의 금액은 버
림)으로 한다. 교육세(개별소비세의 30%) 별도.

② 경과연수

반입연월일을 기준으로 한 날로부터 용도변경 또는 양도 등의 연
월일을 기준으로 한 날까지의 기간을 계산하여 적용한다.

(반입연월일 : 제조장에서 반출하는 승용자동차는 자동차등록증상
신규등록한 날)

경과연수에 따라 적용할 잔존가치율은 승용자동차의 용도별 종류
에 따라 다음과 같다.

차종별	용도	경과 연수				
		1년 이하	1년 초과 2년 이하	2년 초과 3년 이하	3년 초과 4년 이하	4년 초과 5년 이하
조건부면세 승용자동차 (이륜형, 캠핑용포함)	영업용	0.708	0.562	0.316	0.178	0.100
	비영업용	0.768	0.650	0.563	0.422	0.316

(6) 차량매각 관련 개별소비세

사례

'갑'은 장애1급으로 20X1년 1월 2,000cc 차량 매입후 20X4년 1월 장애인1급
'을'에게 매매함.

① 관련 개별소비세 신고
처음 반출할 때와 동일한 절차에 따라 제반신고의무를 이행하면 개별소비세를 조건
부로 다시 면세 받을 수 있다
면세조건에 해당하는 장애인에게 면세용도로 다시 양도(판매)한 경우 주소지(사업장)
관할세무서장에게 면세용도로 다시 반출한다는 승용차 개별소비세 면세반출신고서
(시행규칙 별지 제42호 서식)와 증빙서류(계약서등)를 재반출한 달의 다음달 말일까
지 제출하여야 개별소비세 등을 징수하지 않는다.
② 관련 개별소비세 무신고
제반신고의무를 이행하지 않은 경우 개별소비세가 과세된다.

조건부면세로 반입한 승용차를 반입일(차량등록일)로부터 5년 이내에
같은 용도로 사용하려는 자에게 재반출(양도)할 때에는 당초 반입자가
개별소비세법 제18조 제5항에 따라 처음 반출할 때와 동일한 절차에
따라 제반신고의무를 이행하여야만 개별소비세를 조건부로 다시 면세

받을 수 있는 것으로, 제반신고의무를 이행하지 않은 경우 개별소비세가 과세된다.

그렇다면 이 경우 장애인은 법정 제출기한 경과 후 자동차등록 서류를 완비하여 면세 요청을 하여 세무서에 경정청구를 할 수 있는지 여부인데 두 가지 설 중 과세관청에서는 갑설을 타당한 것으로 보고 있다.

〈갑설〉 개별소비세법에 정한 법정기한내에 등록서류를 제출하지 못하였기에 조건부면세 조건(서류제출기한)이 부합하지 못하므로 면제 대상 아님.

〈을설〉 조건부면세차량(장애인차량)의 법 취지상 장애인 차량으로 등록만 하면 가능하기 때문에 서류제출 지연으로 인한 면세혜택 불가는 부당하므로 면세가능

■ 개별소비세법 시행규칙 [별지 제42호서식] <개정 2012.2.28>　　　홈텍스(www.hometax.go.kr)에서도
　　　　　　　　　　　　　　　　　　　　　　　　　　　　　　　신청할 수 있습니다.

승용자동차 개별소비세 면세반출 [　]신고서 [　]통보서

(앞 쪽)

접수번호		접수일	

신고인 (반출자)	성 명(대표자)	사업자등록번호
	상 호(법 인 명)	①주민(외국인)등록번호
	주소(본점소재지)	전화번호
	판매 · 반출 장소	반출연월일

반입자	성 명(대표자)	사업자등록번호
	상 호(법 인 명)	②주민(외국인)등록번호
	주소(본점소재지)	전화번호
	반 입 장 소	자동차등록연월일

면 세 대 상 물 품 명 세

차　종	수　량	배 기 량	③반출가격	세 율	면 제 세 액

자 동 차 등 록 번 호		차　　명	
④ 차　대　번　호		연　　식	
면 세 사 유	「개별소비세법」 제　조제　항제　호		

그 밖 의 참 고 사 항

장애등급	장애　급	그 밖의 참고사항	

「개별소비세법」 제18조제1항 및 같은 법 시행령 제19조의3제1항·제3항에 따라 면세 반출하였음을(면
세 반출하기 위하여) 신고합니다.

년　　월　　일

　　신고인(반출자)　　　　　　　　　　　　　　　　　　　　　　(서명 또는 인)

세무서장 · 세관장　　　　　　　　　　　　　　　귀하

위와 같이 조건부로 면세 반출하였음을 통보합니다.

년　　월　　일

세무서장 · 세관장　　　　　[직인]

세무서장　　귀하

제출서류	뒤쪽 참조	수수료
		없음

210mm×297mm[백상지 80g/㎡ 또는 중질지 80g/㎡]

신고인 제출서류	자동차매매계약서 사본 1부(같은 용도의 것으로 양도한 경우만 해당합니다)	
담당공무원 확인사항	1. 장애인증명서 또는 국가유공자확인원 2. 사업자등록증명(환자수송용 또는 영업용의 경우만 해당합니다) 3. 자동차등록증(제조장에서 반출하는 경우만 해당합니다) 4. 주민등록표 등본 또는 외국인등록사실 증명서(장애인과 세대를 같이 하는 배우자 · 직계존비속 · 형제자매 또는 직계비속의 배우자만 해당합니다) 5. 국내거소신고 사실증명서(제4호에 따라 확인할 수 없는 경우만 해당합니다)	수수료 없 음

행정정보 공동이용 동의서

본인은 이 건 업무처리와 관련하여 담당 공무원이 「전자정부법」 제36조에 따른 행정정보의 공동이용을 통하여 위의 담당 공무원 확인 사항을 확인하는 것에 동의합니다.   * 동의하지 아니하는 경우에는 신고인이 직접 관련 서류를 제출하여야 합니다.

신고인

(서명 또는 인)

작성방법

1. ①,② 주민(외국인)등록번호란에는 사업자가 아닌 개인만 적습니다.
2. 자동차 제조사가 아닌 사업자(개인)가 중고자동차에 대하여 신고하는 경우에는 ③, ④란만 작성하고, ③반출가격란에는 중고자동차의 제조장 반출가격(수입자동차인 경우는 수입신고가격)을 적습니다.

처리절차

이 신고서는 아래와 같이 처리됩니다.

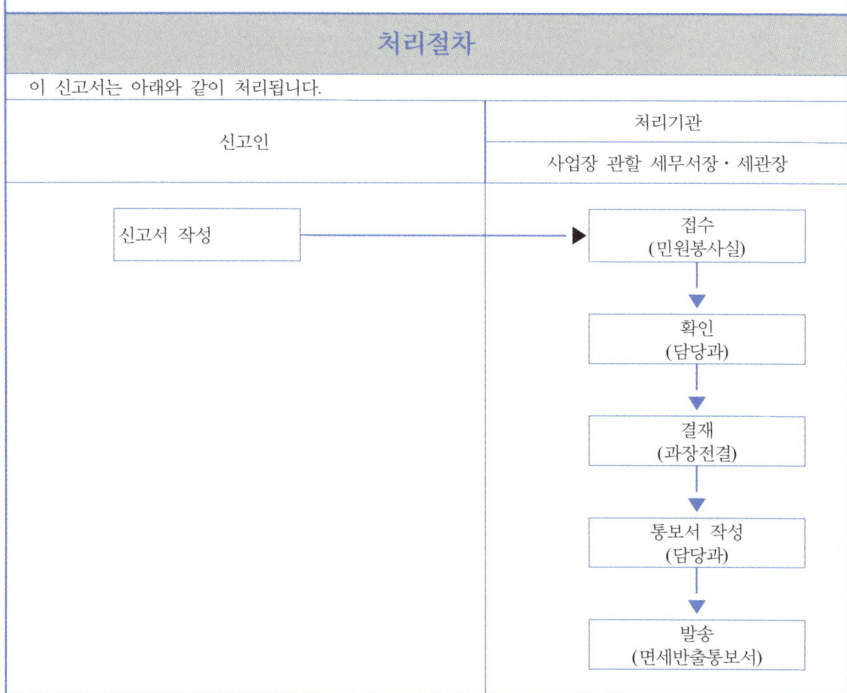

신고인	처리기관 사업장 관할 세무서장 · 세관장
신고서 작성	접수 (민원봉사실)
	확인 (담당과)
	결재 (과장전결)
	통보서 작성 (담당과)
	발송 (면세반출통보서)

4. 장애인 차량 관련 지방세

지방세 특례제한법에서 장애인 차량과 관련된 내용이 아래 일부규정만이 있고 나머지 사항은 각 지자체별 조례를 통해서 감면을 적용하고 있다. 따라서 차량구입시 취득세, 등록면허세, 자동차세 등 각 지자체별 조례의 내용을 확인할 필요가 있다.

(1) 장애인용 자동차에 대한 감면 (지방세 특례제한법 제17조)

① 장애인이 보철용·생업활동용으로 사용하기 위하여 취득하는 자동차로서 취득세 또는 자동차세 중 어느 하나의 세목(稅目)에 대하여 최초로 감면을 신청하는 1대에 대하여는 2014년 12월 31일까지 취득세 및 자동차세를 면제한다.

보충설명 **지방세 특례제한법상 장애인의 범위**

① 「장애인복지법」에 따른 장애인으로서 장애등급 제1급부터 제3급까지에 해당하는 사람
② 「국가유공자 등 예우 및 지원에 관한 법률」에 따른 국가유공자로서 상이등급 1급부터 7급까지의 판정을 받은 사람
③ 「5·18민주유공자 예우에 관한 법률」에 따라 등록된 5·18민주화운동부상자로서 신체장해등급 1급부터 14급까지의 판정을 받은 사람
④ 「고엽제후유의증 등 환자지원에 관한 법률」에 따른 고엽제후유의증환자로서 경도(輕度) 장애 이상의 장애등급 판정을 받은 사람

② 대상 차량

배기량 2천cc 이하인 승용자동차

승차 정원 7명 이상 10명 이하인 승용자동차 (「자동차관리법」에 따라 2000년 12월 31일 이전에 승용자동차로 분류된 고급에 해당하는 자동차 및 이에 준하는 자동차는 제외한다)

「자동차관리법」에 따라 자동차의 구분기준이 화물자동차에서 2006년 1월 1일부터 승용자동차에 해당하게 되는 자동차(2005년 12월 31일 이전부터 승용자동차로 분류되어 온 것은 제외한다)
승차 정원 15명 이하인 승합자동차
최대적재량 1톤 이하인 화물자동차
이륜자동차

③ 취득세 및 자동차세를 면제하는 자동차는 장애인이 본인 명의로 등록하거나 그 장애인과 주민등록표에 의하여 세대를 함께 하는 것이 확인되는 배우자·직계존속(직계존속의 재혼한 배우자를 포함한다)·직계비속(재혼한 배우자의 자녀를 포함한다)·형제자매 또는 직계비속의 배우자와 공동명의로 등록하는 1대로 한정한다.

사례 1

갑은 장애인 자녀를 홀로 키우는 을과 재혼하였다. 갑은 장애인 자녀를 위해 차량을 구입하였다. 아내 을에게 적용되었던 장애인 동거가족에 대한 자동차 감면혜택을 갑이 적용받을 수 있는가?

자동차 취득세 등을 감면 받는 동거가족의 범위가 확대되어 장애 자녀를 둔 부모가 재혼하는 경우, 그 배우자가 장애자녀와 공동명의로 등록해 장애인용으로 차량을 사용하면, 자동차 취득세 등의 감면 혜택을 받을 수 있다.

④ 취득세 추징 사유

장애인 또는 장애인과 공동으로 등록한 사람이 자동차 등록일부터 1년 이내에 사망, 혼인, 해외이민, 운전면허취소, 그 밖에 이와 유사한 부득이한 사유 없이 소유권을 이전하거나 세대를 분가하는 경우에는 면제된 취득세를 추징한다. 다만, 장애인과 공동 등록할 수 있는 사람

의 소유권을 장애인이 이전받은 경우, 장애인과 공동 등록할 수 있는 사람이 그 장애인으로부터 소유권의 일부를 이전받은 경우 또는 공동 등록할 수 있는 사람 간에 등록 전환하는 경우는 제외한다.

⑤ 대체 취득시 면제 요건

장애인이 대체취득(취득세와 자동차세를 면제받은 자동차를 말소등록하거나 이전등록하고 다시 취득하는 것을 말하며, 취득하여 등록한 날부터 60일 이내에 취득세와 자동차세를 면제받은 종전 자동차를 말소등록하거나 이전 등록하는 경우를 포함한다)하는 경우 해당 자동차에 대해서는 취득세와 자동차세를 면제한다고 규정하고 있다.

사례

'갑'의 어머니는 2급의 장애인으로서 자녀와 공동명의로 승용자동차 1대(이하 "종전자동차"라 한다)를 소유하고 있던 상태에서 어머니와 공동명의로 승용자동차 1대(2,000cc 이하)를 취득하고 장애인용 자동차를 대체 취득하는 경우로 하여 감면신청을 하여 취득세를 면제받았다.
그 후, '갑'의 어머니가 종전자동차를 유예기간 60일 이내에 정당한 사유없이 매각하거나 말소하지 아니하였으므로 쟁점자동차에 대하여 면제한 취득세의 추징대상에 해당하는 것으로 보아 취득세를 결정·고지하였다.

취득세는 신고납부방식의 지방세로서 납세자 스스로 과세대상이 되는 경우에는 이를 신고납부하여야 하는 것으로서, 종전자동차에 대하여 이를 60일 이내에 이전등록이나 말소등록을 하여야 한다는 납세안내를 받지 못하였거나, 설령 그러한 납세안내가 있다 하더라도 이는 명백히 법령에 어긋나므로 이를 신뢰하였다 하여 이 건 부과처분이 신의성실의 위반되는 잘못된 부과처분이라고 보기 어렵고, 공동명의로 종전자동차를 취득하여 소유하면서 장애인용 자동차로서 취득세와 자동차세를 감면받은 사실을 충분히 알 수 있었다고 보여지고, 이와 같이 종전에 장애인용 자동차를 소유하고 있던 상태에서 다시 추가로 장애인용 자동차로 쟁점자동차를 취득하였으므로, 처분청은 쟁점자동차가 종전자동차를 대체하기 위하여 취득한 자동차로 보아 우선 취득세를 감면한 후 사후적으로 유예기간 60일 이내에 이를 이전등록하거나 말소등록하였는지 여부를 확인할 수 있을 뿐으로서, 처분청이 유예기간이 경과하기 이전에 이를 안내하기 어렵다 할 것이고, 청구인이 장애인용 자동차를 대체할 목적으로 쟁점자동차를 취득하고서 유예기간 60일 이내에 종전자동차를 매각하지 아니하였으므

로 처분청이 쟁점자동차에 대하여 면제한 취득세를 추징한 처분은 적법하다고 판단된다.

(2) 감면사례 검토

다음은 지방세 내역 중 장애인 차량과 관련된 질의 내용을 정리한 것이다.

사례 1

장애인이 차량을 구입하여 아들과 공동명의로 최초등록하여 4년이 지난 시점에 아들의 지분(50%)을 장애인에게 이전하여 장애인 단독명의로 한 후, 차량을 매각한 경우에 장애인이 추가로 취득한 50%는 취득한 후 1년 이내에 매각한 경우에 해당한다고 판단되어 면제한 취득세·등록세를 추징한 것이 적정한지 여부

① 장애인이 자동차 취득에 따른 취득세·등록면허세를 감면 받은 후 일정 시점에 매각 한 경우 추징과 관련하여 규정에 따르면 "장애인 또는 장애인과 공동으로 등록한 사람이 자동차등록일로부터 1년 이내에 사망, 혼인, 해외이민, 운전면허취소, 그 밖에 이와 유사한 부득이한 사유 없이 소유권을 이전하거나 세대를 분가하는 경우에는 면제된 취득세 추징한다."라고 규정하면서 다만, "장애인과 공동 등록할 수 있는 사람의 소유권을 장애인이 이전받는 경우, 장애인과 공동으로 등록할 수 있는 사람이 그 장애인으로부터 소유권의 일부를 이전받는 경우 또는 공동 등록할 수 있는 사람 간에 등록 전환하는 경우를 제외한다."라고 규정하고 있다.

② 위 규정은 장애인이 보철용 또는 생업활동용으로 사용하기 위하여 취득한 자동차에 대하여 취득세 등의 면제를 통하여 장애인을

지원하는데 목적이 있으며, 부득이한 사유 없이 소유권을 이전하는 경우 면제된 취득세 등을 추징한다는 것은 장애인 소유의 자동차를 장애인용이 아닌 다른 용도에 사용하거나 부당한 방법으로 세제감면을 받고자 하는 것을 방지하기 위한 것이며 장애인과 공동등록 할 수 있는 자간에 이전하는 경우 등은 취득세 등의 면제요건이 새로이 성립된 것으로 보아 이전받은 소유 지분 만큼에 해당하는 취득세 등을 면제하겠다는 것이 아니라 소유권 이전으로 보지 아니하기 때문에 면제된 취득세 등을 추징하지 않겠다는 것을 의미한다고 보아야 하겠으며 이 건의 경우 위 감면조례 등에서 정한 유예기간 기산일은 당초 장애인이 최초로 취득한 일자로 봄이 타당하며, 따라서 추징대상이 아닌 것으로 판단된다.

사례 2

장애인과 그 배우자가 자동차를 공동으로 등록한 후 이혼으로 인하여 세대를 분리한 경우 자동차세를 부과 고지한 경우

장애인 본인 또는 주민등록법에 따른 세대별 주민등록표에 기재되어 있는 장애인의 배우자 등의 명의로 등록하는 자동차에 대하여 자동차세를 면제하는 것인바, 주민등록법에 의한 세대별 주민등록표에 기재되어 있던 청구인과 청구인의 배우자가 이혼으로 인하여 세대를 분리한 사실이 확인되고 있는 이상 이 건 자동차는 더 이상 자동차세 면제요건을 충족하지 못한다 할 것이므로 세대분리 이후의 기간에 해당하는 자동차세를 부과고지한 처분은 달리 잘못이 없다고 사료된다.

3급 장애인과 그의 아들 공동명의로 등록한 승용자동차에 대하여 장애인자동차로 보아 취득세와 등록면허세를 감면하였다. 그 후, 장애인자동차를 취득한 날로부터1년 이내인 장애인과 세대분리한 사실을 확인하고 가산세를 포함한 취득세, 등록면허세 등을 부과 고지하였다.

취득 당시에는 동일세대를 구성하고 있던 장애인과 장애인의 아들 공동명의로 등록하여 취득세 등을 면제받은 후, 경제적 어려움의 해소를 위해 장애인을 대상으로 구내매점 입찰에 참여하기 위하여 부득이하게 주소지를 이전하였으나, 입찰 참가자격 조건이 해당 자치단체의 1년 이상 거주한 자로 되어 있어 세대를 분가한지 5일만인 원래 주소지로 다시 세대를 합가하였는데도, 단지 5일간 세대분가 했다는 이유만으로 기 면제한 취득세 등을 추징한 것은 부당하다고 주장하였다.

일시적으로 세대분가 하였다가 5일만에 다시 원래의 주소지로 세대를 합가한 경우는 실질적인 분가로 보기 어려운 측면이 있는 점 등을 종합하여 볼 때 세대분가 후 5일만에 다시 세대를 합가한 경우는 종전의 추징사유가 치유된 것으로 봄이 타당하다 판단되어 처분청이 이 건 장애인자동차에 대하여 일시적(5일간)으로 세대분가 하였다는 이유만으로 기 감면한 취득세 등을 추징한 것이 부당하다는 청구주장은 설득력이 있는 것으로 판단된다.

갑과 청구인의 동생 '을'(지체장애 1급)과 공동명의로 등록한 자동차(비영업용승용자동차, 배기량 2,000cc, 이하)에 대하여 취득세와 등록면허세를 감면하였다. 그 후, 처분청은 청구인이 이 건 장애인자동차를 취득한 날로부터1년 이내인 장애인과 세대 분리한 사실을 확인하고 감면조례 규정에 의거 가산세를 포함한 취득세, 등록면허세 부과고지 하였다.
'갑'은 결혼하여 생활할 전세주택 주택임대차계약을 체결한 후 전세확정일자를 신청하기 위하여 주택임대차계약 물건지로 주민등록을 이전하였다가 1개월 이내 다시

장애인과 합가한 상태이다.

청구인은 결혼 후 생활할 전세 임대차보증금 확정일자를 받기 위해 장애인과 세대를 분가했다가 결혼 후 1개월만에 다시 장애인과 세대를 합가한 점, 임대차보증금의 확정일자를 청구하였다고 확인한 점, 예식장 계약서·청첩장·혼인신고 등에 의하여 청구인이 결혼한 사실이 입증되고 있는 점 등을 종합하여 볼 때, 청구인의 일시적인 세대분가는 결혼 후 생활할 임대주택에 대한 임대차보증금의 확정일자 등을 위한 "부득이한 사유"에 해당된다고 봄이 타당하다.

사례 5

아버지 '갑'과 장애 1급인 자녀가 승용자동차(2000cc, 이하)를 공동명의로 취득, 장애인이 보철용·생업활동용으로 사용하기 위하여 취득하는 자동차로 보아 취득세와 공동등록일 이후의 자동차세를 면제대상으로 처리하였다.
그 후 가정불화로 인하여 부득이 협의이혼을 하였고, 자녀의 좀 더 나은 양육환경을 위하여 배우자 '을'이 키우기로 하고 현재 주소로 분가하게 되었는바, 현재에도 장애인을 위하여 쟁점자동차를 운행하고 있으나, 자동차의 등록일로부터 1년 이내 세대분가를 하였으므로 기감면한 취득세, 자동차세(일할계산분) 등을 부과고지 하였다.

---

① 장애 1급인 청구인 자녀와 쟁점자동차를 공동등록한 후 법원의 협의이혼 확인에 따라 이혼신고를 하고 장애인 자녀와 세대를 분가한 것으로서, 장애인 자녀의 공동등록 명의자인 '갑'(父)이 이혼함에 따라 공동등록이 되어 있지 않은 장애인 자녀의 '을'(母)과 함께 세대를 구성하면서 당초 공동 등록되었던 '갑'과는 세대분가가 되었다고 하더라도 장애인 자녀와 세대분가된 '갑'과 '을'이 계속하여 장애인 자녀에 대한 부양이나 보호의무가 있다고 할

것이므로 세대를 분가한 '부득이한 사유'를 인정하는 것이 보다 합리적이고 입법취지에도 합당하다 하겠다.

② 자동차세의 경우 감면대상 자동차가 과세대상으로 되는 경우에는 당해 기분의 자동차세를 일할 계산하여 부과하는 조세이고, 장애인 자동차에 대한 자동차세의 경우는 취득세와 달리 부득이한 사유로 세대를 분가한 경우에 과세대상에서 제외한다는 규정이 없으며, 감면제도는 그 자체가 일반납세자와의 과세형평에 있어서 불공평한 제도로 특별히 공익적 목적이 있는 경우에 한하여 감면하되, 일정조건을 붙여 감면하는 것으로 부여된 감면조건을 충족하지 못하는 경우에는 감면대상에 해당하지 아니한다 할 것인바, 청구인이 장애인 자녀와 세대분가를 한 사실이 주민등록자료에서 확인되는 이상, 청구인이 세대분가 이후에 장애인 자녀를 위하여 자동차를 계속 사용한다고 하더라도 세대분가한 기간 이후는 자동차세 감면요건을 충족하지 않은 것으로 볼 수 있으므로 자동차세 등을 부과 고지한 처분은 잘못이 없다고 판단된다.

보충설명 자동차세 일할계산

과세대상 자동차가 비과세 또는 감면대상으로 되거나, 비과세 또는 감면대상 자동차가 과세대상으로 되는 경우 및 영업용 자동차가 비영업용이 되거나 비영업용 자동차가 영업용이 되는 경우에는 당해 기분의 자동차세를 대통령령이 정하는 바에 따라 일할 계산한 금액을 그 세액으로 하여 징수하여야 한다.

사례 6

'갑'은 공동으로 취득한 승용자동차(2,000cc, 이하)에 대하여 장애인인 어머니 '병'을 위하여 사용하는 자동차로 보아 등록면허세, 취득세와 자동차세 등을 면제하였다.

'병'의 장애등급이 자동차 취득 10일전 장애2급에서 취득세 등이 면제되지 않는 장애6급으로 변경되었으므로 처분청은 등록면허세, 취득세, 자동차세, 등을 부과 고지하였다.

장애등급이 장애2급에서 장애6급으로 변경된 사실을 자동차를 취득하기 이전통보한 점, 취득세와 등록면허세는 납세의무자가 조세채무의 성립요건의 충족을 조사·확인하고 자신의 책임하에 과세표준액과 세액을 신고 납부하여야 하는 신고 납부세목인 점, 처분청이 착오 등으로 취득세 등을 면제하였다고 하더라도 부과제척기간 내에는 언제든지 그 오류를 시정하고 면제된 취득세 등을 부과할 수 있는 점 등을 종합하여 볼 때, 자동차에 대하여 면제된 취득세 등을 부과받기전까지 장애등급이 장애2급에서 장애6급으로 변경된 사실을 몰랐고 처분청이 장애등급을 확인하지 않고 이 건 자동차에 대한 취득세 등을 면제하였으므로 그 후 면제한 취득세 등을 부과하는 것은 부당하다는 청구인의 주장은 받아들이기 어렵다고 판단된다.

[차량에 대한 지방세 감면 관련 사례]

다음은 심판청구 등의 내용을 바탕으로 요약 정리한 것으로 구체적인 사실에 따라 아래와는 다른 결론이 나올 수 있다.

내 용	판 단
장애인 갑은 자신의 배우자와 공동명의로 취득한 자동차에 대해 취득세 등을 면제받았으나, 유예기간 내에 주택 재개발로 인한 세대분리한 경우	면제한 취득세 등을 과세해야 하는 것임
자동차를 공동명의로 신규등록한 날부터 3년 이내에 세대분가한 사실이 확인되는 이상 전세보증금 반환 문제로 인하여 청구인의 주소 이전이 늦어져서 일시적으로 세대분가하게 됨.	부득이한 사유에 해당된다고 보기 어려우므로 부과 고지 한 처분은 적법함

내　용	판　단
등록면허세가 추징된다는 사실을 안내받지 아니하여 자동차를 등록일 부터 3년 이내에 매각하였다고 하더라도 법령의 부지·착오 등이 정당한 사유가 될 수 있는지 여부	가산세 부과처분은 적법함
장애인과 동거가족이 공동으로 자동차를 신규 등록하면서 장애인 명의의 종전 장애인용 자동차를 동거가족이 소유권을 이전받은 경우 신규 자동차의 취득세 감면대상 여부	자동차 등록일부터 60일 이내에 종전 자동차를 제3자에게 이전하였어야 함에도 불구하고 장애인의 직계비속에게 이전등록을 하였으므로 취득세 등의 추징은 적법함
장애인과 그 직계비속이 공동 명의로 등록한 자동차에 대한 조세감면받은 후, 창업을 위하여 장애인과 세대분가 하였음이 확인	기 감면세액을 추징한 것이 타당함
장애인 갑은 자신의 배우자와 공동명의로 취득한 자동차에 대해 취득세 등을 면제받았으나, 유예기간 내에 주택재개발로 인한 세대분리 할 경우	면제한 취득세 등을 과세해야 하는 것임
장애인과 공동명의로 자동차를 취득하여 취득세와 등록면허세 및 자동차세를 면제받았으나, 예비군훈련을 위하여 3개월 이상 주민등록상 세대분리를 한 것이 "부득이한 사유"에 해당 여부	과세청의 처분은 타당함

[개별소비세 면제 차량 및 장애등급]

구　분	장애등급	배기량 및 차종
국세 (개별소비세 면제)	1~3등급 (국가유공자는 7급까지)	모든 승용자동차(배기량 무관)

　　지방세면세는 각 지자체 조례에 따라 상이함으로 해당지자체에 문의하여 확인한다.

구 분	국가유공자 (1~6급)		장애인 1~3급 (시각장애인 1~4급)		장애인 4~6급 (시각장애인 5, 6급)		국가유공자 7급	
	본의 명의	공동 명의	본의 명의	공동 명의	본인, 공동명의	가족 명의	본의 명의	공동 명의
등록면허세	면제	면제	면제	면제	부과	부과	면제	면제
취득세	면제	면제	면제	면제	부과	부과	면제	면제
자동차세	면제	면제	면제	면제	부과	부과	면제	면제
채권	면제	면제	면제	면제	면제	매입	일부 면제	일부 면제

※ 공동명의 : 본인＋배우자, 세대별 주민등록표에 기재된 직계 존비속, 직계비속의 배우자, 형제, 자매
※ 배기량 2,000cc 이하인 승용차 (또는 7-10인용 승용자동차)
※ 승차정원 15인 이하인 승합자동차
※ 적재중량 1톤 이하인 화물자동차(단, 채권은 2.5톤 미만2까지 면제)
※ 최초로 감면 신청하는 1대에 한함
※ 채권의 경우 각 기관에 따라 지원대상과 내용을 달리정하는 경우가 있으므로 확인을 요함

참고

서울시, 지방세 감면차량 탈세 막는다 (2012-10-16)

장애인 등 비과세·감면차량 관리 전산화

(서울=연합뉴스) 이 율 기자 = 앞으로 비과세 혜택을 받는 장애인 등의 이름으로 자동차를 사고서 소유권을 이전을 통해 탈세하는 게 불가능해질 전망이다.
서울시는 연간 31만여 건에 달하는 비과세·세금 감면 대상 차량의 소유권 이전 현황을 효율적으로 관리할 수 있는 '장애인 등 비과세·감면 차량 관리시스템'을 구축했다고 16일 밝혔다.
이 시스템 구축으로 실제 세금을 거두는 자치구가 해당 차량의 소유자, 감면대상자, 공동소유자 등에 대한 주소조회를 실시간으로 할 수 있어 치밀한 관리가 가능해졌다.
그동안 비과세·감면 차량의 소유권이 이전되면 정보입력이나 주소변경을 일일이 수작업으로 해야 했기 때문에 과세해야 할 차량이 빠지거나 잘못된 세금고지서가 발급되는 사례가 잦았다.
시는 장애인이나 국가유공자, 5.18민주화운동 부상자 등이 생활보조용이나 생업활동용으로 직접 사용하는 차량에 한해 차량취득세와 자동차세를 전액 감면해주고 있다.
시에 따르면 연간 전체 차량소유권 이전건수는 작년 기준 81만여 건이지만 비과세

· 감면 차량의 소유권 이전은 이 중 38%인 31만여 건에 달해 소유권 이전 비율이 일반차량보다 월등히 높다. 시의 등록차량 297만대 중 비과세·감면 차량은 전체의 6%인 18만여 대다.

시 관계자는 "장애인 등은 공동명의로 차량을 소유하는 경우가 많고, 명의자가 계속 바뀌어 자료를 제대로 관리할 수 없었다"면서 "비과세·감면 차량의 소유권 이전건수가 일반차량 대비 월등한 것을 보면 이 맹점을 활용한 경우가 있을 수 있다"고 말했다.

그는 "새 시스템 도입으로 장애인 명의를 활용해 탈세하는 사람들이 많이 걸러질 것"이라고 덧붙였다.

시는 지난해 비과세·감면 용도로 사용하고 있지 않은 차량 2천529건을 적발해 2억3천200만원을 추징한 바 있다.

제10장

국세기본법 및 조세범처벌법
장애인 관련 사항

1. 국세기본법

1.1 기한

(1) 기한

기한이란 법률상의 권리를 행사하거나 의무를 이행하는 경우 해당 효력이 발생하기 위하여 도래하는 일정 시점을 말한다.

예를 들면 가장 일반적인 기한 개념으로는 종합소득세 신고 및 납부, 부가가치세 신고 및 납부 등을 들 수 있다.

(2) 기한 연장사유

국세기본법상 기한연장사유는 다음과 같다.

1) 신고 및 납부 연장사유

① 납세자가 화재, 전화(戰禍), 그 밖의 재해를 입거나 도난을 당한 경우

② 납세자 또는 그 동거가족이 질병으로 위중하거나 사망하여 상중(喪中)인 경우

③ 정전, 프로그램의 오류, 그 밖의 부득이한 사유로 한국은행(그 대리점을 포함한다) 및 체신관서의 정보통신망의 정상적인 가동이 불가능한 경우

④ 금융회사 등(한국은행 국고대리점 및 국고수납대리점인 금융회사 등만 해당한다) 또는 체신관서의 휴무, 그 밖의 부득이한 사유로 정상적인 세금납부가 곤란하다고 국세청장이 인정하는 경우

⑤ 권한 있는 기관에 장부나 서류가 압수 또는 영치된 경우

2) 납부만 연장되는 사유

① 납세자가 그 사업에서 심각한 손해를 입거나, 그 사업이 중대한 위기에 처한 경우

② 납세자의 형편, 경제적 사정 등을 고려하여 기한의 연장이 필요하다고 인정되는 경우로서 국세청장이 정하는 기준에 해당하는 경우

1.2 국세부과의 원칙

(1) 개념

국세부과란 과세요건이 충족되어 성립된 납세의무를 사후적으로 확정하는 행위를 말하며, 동 국세부과시 준수해야 내용은 다음과 같다.

① 실질과세의 원칙

② 신의성실의 원칙

　　납세의무자가 그 의무를 이행할 때에는 신의에 따라 성실하게 하여야 한다. 세무공무원이 그 직무를 수행할 때에도 또한 같다.

③ 근거과세의 원칙

　　과세당국은 납세의무자가 세법에 따라 장부를 갖추어 기록하고 있는 경우에는 해당 국세의 과세표준의 조사와 결정은 그 장부와 이에 관계되는 증명자료에 따라야 한다.

④ 조세감면의 사후관리

　　과세당국은 국세를 감면한 경우에 그 감면한 취지를 성취하거나 국가정책을 수행하기 위하여 필요하다고 인정하면 세법에서 정하는 바에 따라 감면한 세액에 상당하는 자금 또는 자산의 운용범위를 정할 수 있다.

(2) 실질과세의 원칙

과세를 함에 있어서 법적 형식이나 외관에 불구하고 그 실질에 따라서 과세하여야 한다.

1) 유형

① 거래의 귀속에 대한 실질과세

과세의 대상이 되는 소득, 수익, 재산, 행위 또는 거래의 귀속이 명의일 뿐이고 사실상 귀속되는 자가 따로 있을 때에는 사실상 귀속되는 자를 납세의무자로 하여 세법을 적용한다.

- 사업자명의등록자와는 별도로 사실상의 사업자가 있는 경우에는 사실상의 사업자를 납세의무자로 본다.
- 회사의 주주로 명부상 등재되어 있더라도 회사의 대표자가 임의로 등재한 것일 뿐 회사의 주주로서 권리행사를 한 사실이 없는 경우에는 그 명의자인 주주를 세법상 주주로 보지 않는다.

② 거래내용에 대한 실질과세

- 거래의 실질내용은 형식상의 기록내용이나 거래명의에 불구하고 상거래관행, 구제적인 증명서류, 거래당시의 정황 및 사회통념 등을 고려하여 판단한다.
- 공부상 지목이 아파트라 하더라도 실제로는 사무실로 사용하였다면 주택이 아닌 사무실로 보아 과세여부를 결정한다.

2) 사례

'갑'은 장애인으로서 사업영위능력이 없으나, '갑'은 '을'을 대신하여 사업자등록을 하였다. (을은 갑의 동생으로 실질적 사업주이다.) '을'이 00사업체를 운영해 오다가 세금을 체납하였다. 관할세무서에서는 '갑' 소유의 부동산과 예금채권에 압류 하였다. '갑'은 실제 사업체를 운영한 '을'에게 세금을 부과하라는 취지의 내용이 담긴 고충신고서를 접수하였고, 이에 관할세무서장은 '갑'에게 부과된 부가가치세, 사업소득세에 대하여 결정취소처분을 하고, '을'에게 동 기간 동안의 부가가치세, 사업소득세 부과하는 부과결정처분을 하였다.

'병'은 사업자등록증 상 음식업을 운영하고 있던 중 부가가치세 및 사업소득세 등을 체납하여 관할세무서장으로부터 납세 고지를 받은 '병'은 지체장애인으로 사업자등록상의 명의를 도용 당하였다고 주장하였으나, 과세관청에서는 사업자등록신청서류에 청구인 명의의 임대차계약서 및 영업신고증이 첨부되어 있으며, 신용카드가맹점 가입신청서류를 확인한 결과 신청서에 청구인의 도장이 찍혀있고 신분증이 첨부되어 있으며 신용카드결제대금 입금계좌도 청구인이 직접 개설한 사실이 있고, '병'이 제출한 영업신고증 관련서류에 의하면 인감도장·인감증명서·위생교육수료증 위임장이 첨부된 점, 동 위생교육은 대리인 출석이 불가능하고 사업자인 청구인만이 위생교육을 받을 수 있었으므로 청구인을 사업자로 보아 과세한 처분은 정당하다고 판단하였다.

2. 국세징수법

(1) 사해행위 취소

세무공무원은 체납처분을 집행함에 있어서 체납자가 국세의 징수를 면하고자 재산권을 목적으로 한 법률행위를 한 경우에는 사해행위의 취소를 법원에 청구할 수 있다. 이 때에는 수익자또는 전득자를 상대로 소송을 제기하여야 한다.

(2) 사례

'갑'은 도소매업을 영위하였는데, 관할세무서장은 '갑'이 부가가치세 과세표준 신고를 하면서 매출을 누락시킨 사실을 밝혀내고, '갑'에게 해당기간의 부가가치세와 위 부가가치세에 대한 가산금 합계하여 납부할 것을 고지하였다.
'갑'은 관할세무서의 고지를 받기 수 개월 전 배우자와 이혼을 하고 이혼에 따른 재산분할로 그의 배우자에게 부동산을 증여하여 소유권이전등기를 마쳐주었고, 아울러 자신이 운영하던 사업체도 양도하고 폐업하였는데, 이로 인해 '갑'은 별다른 재산이 없는 상태이다.
이에 관할세무서는 갑과 을이 사해행위가 있다고 판단하여 소송을 진행하게 된다.
'을'은 '갑'과의 혼인생활이 파탄에 이르게 경위, 피고가 혼인생활 중 재산형성에 이바지한 정도가 큰 점, 이혼 후에도 장애인인 자녀를 부양해야 하는 사정 등을 고려하면 재산분할을 위한 목적으로 이루어진 증여는 상당한 정도를 벗어나는 과대한 것이라고 할 수 없으므로 사해행위에 해당하지 않다고 하였으나, 법원에서는 이혼에 따른 재산분할의 방편으로 이루어졌다고 인정하기에 부족하며, 달리 이를 인정할 만한 증거가

없고, 오히려 부가가치세 납부의무를 회피할 목적으로 이루어졌다고 보는 것이 타당하다고 판단하였다.
[구체적인 사실판단 내용에 따라서는 다른 결론이 나올 수 있으나, 간략한 사례성격으로 소개함]

3. 조세범처벌법

(1) 과태료 감면규정

① 14세가 되지 아니한 형사미성년자의 위반행위는 과태료를 부과하지 아니한다.

② 심신장애로 인하여 행위의 옳고 그름을 판단할 능력이 없거나 그 판단에 따른 행위를 할 능력이 없는 자의 위반행위는 과태료를 부과하지 아니한다.

③ 심신장애로 인하여 능력이 미약한 자의 위반행위에 대한 과태료의 100분의 50을 감경한다.

④ 스스로 심신장애 상태를 일으켜 위반행위를 한 자에게는 ②, ③을 적용하지 아니한다.

⑤ 당사자가 「질서위반행위규제법」 제16조에 따른 의견 제출 기한 이내에 과태료를 자진하여 납부하는 경우에는 과태료의 100분의 20을 감면한다.

⑥ 「질서위반행위규제법」 제16조에 따른 사전통지 및 의견 제출 결과 당사자가 다음 각 호의 어느 하나에 해당하는 경우에는 해당 과태료 금액의 100분의 50을 감면한다. 다만, 과태료를 체납하고 있는 당사자에게는 적용하지 아니한다.
  ■ 「국민기초생활 보장법」 제2조에 따른 수급자
  ■ 「한부모가족지원법」 제5조에 따른 보호대상자

- 「장애인복지법」 제2조에 따른 제1급부터 제3급까지의 장애인
- 「국가유공자 등 예우 및 지원에 관한 법률」 제6조의4에 따른 1급부터 3급까지의 상이등급 판정을 받은 사람
- 20세 미만의 미성년자 등

제11장

양도소득세, 종합부동산세, 관세법 장애인 관련 사항

1. 양도소득세

(1) 1세대 1주택 양도소득세 비과세

① 1세대1주택 비과세 요건은 국내에 1주택을 소유한 거주자인 1세대가 그 주택의 양도일 현재 당해 주택의 보유기간이 2년 이상인 것을 양도한 경우 비과세(9억 초과 고가주택은 과세)된다.

보충설명 고가주택

주택 및 이에 부수되는 토지의 양도 당시의 실지거래가액의 합계액이 9억원을 초과하는 것을 말한다.

② 1세대1주택 비과세 판단시 "1세대"는 양도일 현재를 기준으로 하는 것이고, "1세대"란 거주자 및 그 배우자가 그들과 동일한 주소 또는 거소에서 생계를 같이하는 가족과 함께 구성하는 1세대를 말하는 것이며, "가족"이라 함은 거주자와 그 배우자의 직계존비속(그 배우자 포함) 및 형제자매를 말하며, 취학, 질병의 요양, 근무상 또는 사업상의 형편으로 본래의 주소 또는 거소를 일시퇴거한 자를 포함하는 것이다.

보충설명 1세대

1세대란 거주자 및 그 배우자가 그들과 동일한 주소 및 거소에서 생계를 같이하는 가족과 함께 구성하는 집단을 말한다. 1세대는 배우자를 필요적 요건으로 하나, 다음의 경우에는 배우자가 없는 경우에도 1세대로 본다.
- 해당 거주자의 연령이 30세 이상의 경우
- 배우자가 사망하거나 이혼한 경우
- 소득세법상 소득이 국민기초생활보장법의 규정에 따라 최저생계비수준 이상으로서 소유하고 있는 주택 또는 토지를 관리 유지하면서 독립된 생계를 유지할 수 있는 경우.
다만, 미성년자의 경우를 제외하되, 미성년자의 결혼, 가족의 사망 등의 사유로 1세대의 구성이 불가피한 경우에는 그러하지 아니한다.

③ '주택'이란 상시 주거용으로 사용하는 건물을 말하며, 부수토지를 포함한다. 이 경우 용도의 구분은 공부상 용도가 아닌 사실상의 용도에 따라 판단하며, 건축법상 허가여부, 등기여부와는 무관하다.

장애인복지시설의 주택

용도가 장애인복지시설 허가를 받았고 공부상 용도는 아파트로 상시 거주목적이 아니며 이 외 일반주택을 1채 보유하고 있음(2채 모두 고가주택 아님)
위의 장애인복지시설이 소득세법 적용 시 주택으로 보는지, 주택 외 건물로 보는지 및 일반주택을 양도할 경우 비과세혜택을 받을 수 있는지?

1세대1주택에서 주택이라 함은 공부상 용도구분에 관계없이 상시 주거용으로 사용하는 건물을 말하는 것이며 보유주택이 장애인 복지시설용으로만 사용하는 건물에 해당하는지 여부는 사실을 확인하여 판단할 사항이다.
만일 장애인복지시설로 허가된 주택이 사실상 주택이 아니라면 그 외 일반주택을 양도할 때 1세대 1주택에 의한 비과세 적용이 가능하다고 판단된다.

(2) 장애인 학교 입학을 위한 세대원 전출

취학, 근무상 형편, 질병의 요양 등의 사유로 세대전원이 다른 시, 군으로 주거를 이전하게 되어 1년 이상 거주한 주택을 양도하는 경우에는 보유기간의 제한을 받지 아니한다.

장애인 특수학교 취학 상 형편으로 세대전원이 다른 시·읍·면으로 퇴거하여 양도한 주택에서 2년 이상 보유하지 못한 경우 당해 학교장이 발행하는 재학증명서와 주민등록표 등본에 의해 그 사유가 확인되는 경우 1년이상 거주한 주택이라면 보유기간의 제한받지 아니한다고 판단된다.

'갑'과 배우자 '을'은 지체장애인으로 투병중이다. 지금 현재 서울에 1주택을 소유한 상태이나 보유기간이 1년이다.

1주택을 매도하고 서울의 다른 구 지역의 대학교병원 가까운 곳으로 이사갈 예정이다. 이 경우 질병치료 등의 사유로 2년 이상 거주하지 못한 주택을 양도하고 서울시 안에서 주거를 이전할 경우 1세대 1주택 비과세 여부를 적용받을 수 있는 것인지?

국내에 1주택을 소유한 1세대가 질병의 치료 등 부득이한 사유로 세대전원이 다른 시(특별시와 광역시를 포함)·군으로 주거를 이전하는 경우(광역시지역 안에서 구지역과 읍·면지역 간에 주거를 이전하는 경우 및 「지방자치법」 제7조 제2항의 규정에 따라 설치된 도농복합형태의 시지역 안에서 동지역과 읍·면지역 간에 주거를 이전하는 경우를 포함)로서 주택의 취득일부터 양도일까지 1년 이상 거주한 주택을 양도하는 경우에는 1세대 1주택 비과세 여부를 판정함에 있어 그 보유기간 및 거주기간의 제한을 받지 아니하는 것이나, 서울특별시 안에서 주거를 이전하는 경우에는 당해 규정이 적용되지 아니한다.

보충설명

장애인 차량 개별소비세 면제를 위한 동거가족 등록시 양도소득세 관련 검토

부는 1주택을 소유하고 있으며 자도 1주택을 소유중임. 장애인차량 공동명의 문제로 부득이 주민등록상 동거인으로 올린 상태임. 이 경우 양도소득세 1세대 1주택 비과세 혜택이 가능한지?

1세대1주택 비과세 요건은 국내에 1주택을 소유한 거주자인 1세대가 그 주택의 양도일 현재 당해 주택의 보유기간이 3년 이상인 것을 양도한 경우 비과세(9억 초과 고가주택은 과세) 되는 것이다.

여기서 "1세대"란 거주자 및 그 배우자가 그들과 동일한 주소 또는 거소에서 생계를 같이하는 가족과 함께 구성하는 1세대를 말하는 것으로서, "가족"이라 함은 거주자와 그 배우자의 직계존비속(그 배우자 포함) 및 형제자매를 말하며, 취학, 질병의 요양, 근무상 또는 사업상의 형편으로 본래의 주소 또는 거소를 일시퇴거한 자를 포함한다.

1세대1주택 판정시 세대의 범위는 양도일 현재로 판정한다.

1세대 1주택 비과세 규정을 적용함에 있어서 주민등록상 내용이 실제 내용과 다른 경우 실제 내용에 따라 판정한다. 실제 내용이 주민등록상 내용과 다르다는 사실은 주장하는 사람이 입증하여야 한다.

입증할 수 있는 몇 가지 증빙 사례는 다음과 같다.

① 아파트 입주자관리카드
② 교통카드 사용 내역
③ 신용카드 사용 내역
④ 도시가스 설치비 영수증
⑤ 이삿짐센터 확인서 및 영수증
⑥ 케이블TV(인터넷서비스) 설치 및 사용요금 명세서
⑦ 집전화가입증명원(이전 설치 등)
⑧ 거주자 우선주차장 사용 영수증
⑨ 해당 거주지로 배달된 핸드폰요금청구서 등 각종 우편물
⑩ 공공요금 및 관리비 납부영수증
⑪ 노인정 회원대장
⑫ 병원진료기록
⑬ 종교활동기록
⑭ 우유(신문)대금 영수증

보충설명 장애인 관련 지방세 주택 관련 검토

장애인이나 거동불편 노약자는 이동편의를 위해 최소한 300킬로그램을 초과하는 엘리베이터를 설치해야 하나, 이 경우 고급주택으로 간주되어 취득세가 중과세되는 불리함이 있었다. 이에 따라 2012년부터는 공시가액 6억 원 이하 주택은 엘리베이터 설치 규모와 관계없이 취득세 중과대상인 고급주택의 범위에서 제외된다. (단, 주거용 건축물과 그 부속토지 또는 공동주택과 그 부속토지는 취득 당시의 시가표준액이 6억 원을 초과하는 경우에는 중과한다.)
장애인이나 거동불편 노약자의 휠체어 탑승 등 이동편의를 위해 최소한 300kg을 초과하는 엘리베이터를 설치하여야 하나 기존에는 200kg 초과 엘리베이터 설치 시 건물면적이나 가액에 상관없이 고급주택으로 보아 취득세를 중과하여 왔다.

[관련내용]
취득세 5배 중과대상 자산 (토지나 건물을 취득한 후 5년 이내에 당해 토지나 건축물이 5배 중과 대상에 해당하는 경우에도 취득세를 5배 중과하여 추징한다.)
① 별장
② 골프장
③ 고급주택
④ 고급오락장(카지노장, 빠징코, 카바레, 나이트클럽, 룸살롱 등

2. 고급주택
(1) 단독주택의 경우
① 건물의 연면적(주차장 면적제외)이 331제곱미터를 초과하는 것으로 건물의 가액이 9천만원 초과하는 경우
② 대지면적이 662제곱미터를 초과하고 건물의 가액이 9천만원을 초과하는 경우
③ 건물에 엘리베이터 설치
④ 건물에 에스컬레이터 또는 67제곱미터 이상의 풀장 중 1개 이상의 시설이 설치된 경우

(2) 아파트 등 공동주택의 경우
① 전용면적이 245제곱미터 (복층형의 경우 274제곱미터, 복층형의 경우 274제곱미터 이하라도 1개층의 면적이 245를 초과하는 경우 고급주택에 해당)를 초과하는 경우

(3) 위 단독주택 중 ①, ②, ③과 아파트 등은 주거용 건축물과 그 부속토지 또는 공동주택과 그 부속토지는 법 제4조제1항에 따른 취득 당시의 시가표준액이 6억원을 초과하는 경우만 고급주택에 해당한다.

2. 종합부동산세법

고액의 부동산 보유자에 대하여 종합부동산세를 부과하여 부동산보유에 대한 조세부담의 형평성을 제고하고, 부동산의 가격안정을 도모함으로써 지방재정의 균형발전과 국민경제의 건전한 발전에 이바지함을 목적으로 한다.

(1) 정의

이 법에서 사용하는 '세대'라 함은 주택 또는 토지의 소유자 및 그 배우자와 그들과 생계를 같이하는 가족으로서 대통령령이 정하는 것을 말한다.

 **보충설명** 세대의 범위

① 「종합부동산세법」(이하 "법"이라 한다) 제2조제8호에서 "대통령령이 정하는 것"이라 함은 주택 또는 토지의 소유자 및 그 배우자가 그들과 동일한 주소 또는 거소에서 생계를 같이하는 가족과 함께 구성하는 1세대를 말한다.

② 제1항에서 "가족"이라 함은 주택 또는 토지의 소유자와 그 배우자의 직계존비속(그 배우자를 포함한다) 및 형제자매를 말하며, 취학, 질병의 요양, 근무상 또는 사업상의 형편으로 본래의 주소 또는 거소를 일시퇴거한 자를 포함한다.

③ 다음 각 호의 어느 하나에 해당하는 경우에는 배우자가 없는 때에도 이를 제1항의 규정에 따른 1세대로 본다.

1. 30세 이상인 경우

2. 배우자가 사망하거나 이혼한 경우

3. 「소득세법」 제4조의 규정에 따른 소득이 「국민기초생활보장법」 제2조제6호의 규정에 따른 최저생계비 수준 이상으로서 소유하고 있는 주택 또는 토지를 관리·유지하면서 독립된 생계를 유지할 수 있는 경우. 다만, 미성년자의 경우를 제외하되, 미성년자의 결혼, 가족의 사망 그 밖에 기획재정부령이 정하는 사유로 1세대의 구성이 불가피한 경우에는 그러하지 아니하다.

④ 혼인함으로써 1세대를 구성하는 경우에는 혼인한 날부터 5년 동안은 제1항에도 불구하고 주택 또는 토지를 소유하는 자와 그 혼인한 자별로 각각 1세대로 본다.

⑤ 동거봉양(同居奉養)하기 위하여 합가(合家)함으로써 과세기준일 현재 60세 이상의 직계존속(직계존속 중 어느 한 사람이 60세 미만인 경우를 포함한다)과 1세대를 구성하는 경우에는 제1항에도 불구하고 합가한 날부터 5년 동안(합가한 날 당시는 60세 미만이었으나, 합가한 후 과세기준일 현재 60세에 도달하는 경우는 합가한 날부터 5년의 기간 중에서 60세 이상인 기간 동안) 주택 또는 토지를 소유하는 자와 그 합가한 자별로 각각 1세대로 본다.

(2) 과세기준일

매년 6월 1일 기준

(3) 납세의무자

과세기준일 현재 주택분 재산세의 납세의무자로서 국내에 있는 재산세 과세대상인 주택의 공시가격을 합산한 금액이 6억원을 초과하는 자는 종합부동산세를 납부할 의무가 있다.

(4) 과세표준

주택에 대한 종합부동산세의 과세표준은 납세의무자별로 주택의 공시가격을 합산한 금액〔과세기준일 현재 세대원 중 1인이 해당 주택을 단독으로 소유한 경우로서 대통령령으로 정하는 1세대 1주택자(이하 "1세대 1주택자"라 한다)의 경우에는 그 합산한 금액에서 3억원을 공제한 금액〕에서 6억원을 공제한 금액에 부동산 시장의 동향과 재정여건 등을 고려하여 100분의 60부터 100분의 100까지의 범위에서 대통령령으로 정하는 공정시장가액비율을 곱한 금액으로 한다.

[편저자 주]
사례는 개별적인 상황과 내용에 따라 다른 결론이 도출될 수 있다.

(5) 사례검토

사례 1

부득이하게 중증장애인인 장모와 함께 거주하여 온 경우 장모가 동일세대원에 해당여부

'을'은 장애 1급판정을 받은 중증장애상태로 다른 사람의 도움 없이는 전혀 거동을 할 수 없고, 경제능력이 전혀 없으므로 부득이 '을'의 딸 '병'이 봉양하게 되어 어쩔 수 없이 지난 현재(7년간)까지 을의 사위 '갑'의 주민등록상 동일 세대원으로 등재하게 된 것임에도 이에 대한 아무런 배려 없이 '을' 소유의 아파트와 '갑'의 소유의 아파트를 합산하여 종합부동산세를 부과한 것은 부당하다.

주택 또는 토지를 소유하는 자와 그 합가한 자별로 각각 1세대로 보도록 규정하고

있을 뿐 별도의 예외규정을 두고 있지 아니한 바, 종합부동산세 과세기준일 현재 장모가 청구인의 세대로 합가한 날부터 이미 5년이 경과하였으므로 장모의 아파트를 합산하여 청구인에게 이 건 종합부동산세를 부과한 당초처분은 정당하다.

사례 2

교통사고로 1급 장애인인 딸과 함께 거주하고 있는 상황에서 금번 종부세 신고 안내문에 딸 소유의 주택과 합산되어 과세대상으로 통보되었다.
이 경우 딸의 주택이 세대합산 되어 종합부동산세 과세대상에 해당하는 것인지?

과세기준일(6월 1일) 현재 주택분 재산세의 납세의무자로서 국내에 있는 재산세 과세대상인 주택의 공시가격을 합산한 금액이 6억원(개인의 경우 세대별로 합산한 금액을 말하는 것임)을 초과하는 자는「종합부동산세법」제7조의 규정에 의하여 종합부동산세를 납부할 의무가 있으며, 이 경우 "세대"라 함은 주택 또는 토지의 소유자 및 그 배우자가 그들과 동일한 주소 또는 거소에서 생계를 같이하는 가족과 함께 구성하는 1세대를 말하는 것이다. 따라서 과세기준일 현재 재산세 과세대상인 주택의 공시가격을 합산한 금액을 초과하는 자는 종합부동산세를 납부할 의무가 있다.

3. 관세법

(1) 장애인 용품 등의 면세

다음 어느 하나에 해당하는 물품이 수입될 때에는 그 관세를 면제한다.

① 시각장애인, 청각장애인, 언어장애인, 지체장애인, 만성신부전증환자, 희귀난치성질환자 등을 위한 용도로 특수하게 제작되거나 제조된 물품 중 기획재정부령으로 정하는 물품

② 「장애인복지법」 제58조에 따른 장애인복지시설 및 장애인의 재활의료를 목적으로 국가·지방자치단체 또는 사회복지법인이 운영하는 재활 병원·의원에서 장애인을 진단하고 치료하기 위하여

사용하는 의료용구

③ 국제올림픽·장애인올림픽·농아인올림픽 및 아시아운동경기·장애인아시아운동경기 종목에 해당하는 운동용구(부분품을 포함한다)로서 기획재정부령으로 정하는 물품

보충설명 그 밖의 관세면제 내용

① 교회, 사원 등 종교단체의 예배용품과 식전용품(式典用品)으로서 외국으로부터 기증되는 물품. 다만, 기획재정부령으로 정하는 물품은 제외한다.
② 자선 또는 구호의 목적으로 기증되는 물품 및 기획재정부령으로 정하는 자선시설·구호시설 또는 사회복지시설에 기증되는 물품으로서 해당 용도로 직접 사용하는 물품. 다만, 기획재정부령으로 정하는 물품은 제외한다.
③ 국제적십자사·외국적십자사 및 기획재정부령으로 정하는 국제기구가 국제평화봉사활동 또는 국제친선활동을 위하여 기증하는 물품

(2) 관세가 감면되는 장애인용품

[별표 2] <개정 2011.4.1>

법 제91조제4호에 따라 관세가 감면되는 장애인용품 등(제39조제4항 관련)

1. 「장애인복지법」 제65조에 따른 장애인보조기구로서 다음에 정하는 물품과 그 수리용 부분품
   가. 개인 치료용구
     (1) 점자 체온계 및 혈압계
     (2) 음성 혈압계 및 체중계
   나. 개인 교육 및 훈련용구
     (1) 점자 문구류 및 점자 학습용구(점자용구, 용지, 계산자를 포함한다)
     (2) 청력 및 청력 적응력 훈련기
     (3) 청력 훈련용 전화기
     (4) 발성·발어 훈련기
     (5) 신체운동 훈련기구(팔, 척추, 다리 등 신체의 운동기능 회복을 도와주는 훈련기구)
     (6) 기립 훈련기(서 있는 것을 도와주거나 서 있는 자세를 유지시켜주는 기기)
     (7) 장애인용으로 특별히 제작되었거나 통상 장애인용으로 사용되는 운동용구
   다. 의자·보조기
     (1) 인공 후두
     (2) 다리 보조기
     (3) 척추 보조기
     (4) 전신 보조기
     (5) 특수 보조기
     (6) 인조 인체부분(의족기, 의수기, 심장병 수술 환자용의 것, 연결사용하는 외부보조장치를
         포함한다)
     (7) 근육위축증 환자가 사용할 호흡보조기(산소통 없이 사용하는 것으로 한정한다)
   라. 생활 보조기구 등
     (1) 대화용 기기(휴대용 대화장치, 음성 증폭기로 한정한다)
     (2) 텔레비전용 보청 보조기
     (3) 전화용 보청 보조기
     (4) 강연청취용 보조기
     (5) 보청기용 전지
     (6) 청각장애인용 음향 표시장치
     (7) 저시력 확대기구(독서기, 확대경, 문자탐독기로 한정한다)
     (8) 지체장애인용 보행기
     (9) 전동 및 수동 휠체어
     (10) 장애인용 특수 차량(관세율표 번호 제8713호의 물품과 장애인을 수송하기 위하여 특
          수하게 설계·제작된 수송용의 자동차로 한정한다)
     (11) 점자, 음성 또는 진동 시계
     (12) 시각장애인용 나침반
     (13) 시각장애인용 타이머
     (14) 시각장애인용 4트랙 녹음기
     (15) 시각장애인용 문자인식 카메라
     (16) 시각장애인용 보행 보조기구
     (17) 선천성대사장애인용 특수조제식품
     (18) 장애인용 기저귀(실금환자용을 포함한다)
     (19) 욕창예방용구(방석, 매트리스, 침대)
     (20) 지체장애인용 목욕용품(목욕욕조, 목욕의자로 한정한다)
     (21) 소변처리용구세트
     (22) 맹인 안내견

법 제91조제4호에 따라 관세가 감면되는 장애인용품 등(제39조제4항 관련)

마. 컴퓨터 등 보조기구
   (1) 점자 타자기
   (2) 점자 제판기
   (3) 점자 인쇄기
   (4) 점자 모니터
   (5) 점자 키보드
   (6) 점자 프린터
   (7) 점자 라벨기
   (8) 점자 또는 입체 복사기
   (9) 음성 저울 및 음성 전자 계산기
   (10) 시각장애인용 소프트웨어
   (11) 컴퓨터 음성 보조기기

2. 질병치료와 관련한 물품 등
  가. 만성신부전증환자가 사용할 물품
    (1) 인공신장기
    (2) 인공신장기용 투석여과기 및 혈액운송관
    (3) 인공신장기용 투석액을 제조하기 위한 원자재·부자재
    (4) 인공신장기용 투석여과기를 재사용하기 위한 의료용 화학소독기 및 멸균액
    (5) 복막투석액을 제조하기 위한 원부자재
  나. 희귀병치료제
    (1) 세레자임 등 고셔병환자가 사용할 치료제
    (2) 로렌조오일 등 부신이영양증환자가 사용할 치료제
    (3) 근육이양증환자의 치료에 사용할 근육모세포
    (4) 윌슨병환자의 치료에 사용할 치료제
    (5) 후천성면역결핍증으로 인한 심신 장애자가 사용할 치료제
    (6) 혈우병으로 인한 심신장애자가 사용할 열처리된 혈액응고인자 농축제
    (7) 장애인의 음식물섭취에 사용할 삼킴장애제거제
    (8) 장기이식 후 면역억제제의 합병증으로 생긴 림파구증식증 환자의 치료에 사용할 치료제
    (9) 니티시논 등 타이로신혈증환자가 사용할 치료제
    (10) 뮤코다당증 II형(헌터증후군) 환자의 치료에 사용할 치료제
    (11) 삭제 <2010.12.31>
  다. 「약사법」 제34조에 따른 임상시험용 의약품 중 시험약(시험약에 대한 위약을 포함하며,
    2012년 12월 31일까지 수입신고된 것으로 한정한다)

3. 장애인 교육용 물품(사회복지법인이 수입하는 경우만 해당한다)
   (1) 핸드벨 및 차임벨
   (2) 프뢰벨
   (3) 몬테소리교구
   (4) 디·엠·엘교구

제12장

장애인 상속세

[편저자 주]

장애인이라 하더라도 상속받은 재산에 대해 무조건 상속세를 내지 않는다는 것은 근거 없는 속설이다. 장애인이 상속인으로서 상속을 받거나 또는 유증, 사인증여에 의하여 상속재산을 상속받은 경우에도 상속세 납부의무가 있으며, 상속세가 면제되지 아니한다. 따라서 상속개시의 경우 상속세 신고대상 여부를 확인하여 불필요한 가산세를 부담하는 일이 없어야 하겠다.

상속이 발생될 경우 돌아가신 분의 배우자가 생존에 있다면 10억원, 돌아가신 배우자가 없다면 5억원 이하의 경우 상속세 부담이 없기 때문에 크게 걱정할 부분은 없다. 여기서 말하는 10억원의 금액은 시가 평가를 원칙으로 하나, 시가확인이 어려운 대부분의 경우에는 보충적 평가 방법을 이용하기 때문에 시가보다 낮은 수준으로 평가된다. 따라서 일반 장애인 가족의 경우 상속세 부담이 크지 않을 수 있다. 중산층에 대한 상속세 부담감을 덜어주고 상속인의 생활안정 및 기초생활 유지를 위해 상속공제 제도를 적용하기 때문에 많은 경우에는 상속세의 부담이 크지 아니하다.

다음에 설명하고 있는 상속세와 관련된 사항을 적용할 때 개인의 상황에 따라서 다른 접근이 필요한 경우도 있을 수 있으므로 세무 전문가와 상의하여 결정하는 것이 중요하다.

1. 상속세 과세표준의 계산구조

상속세 과세가액

(-) 상　속　공　제(인적공제, 물적공제)

(-) 감정평가수수료공제 500만원(1,000만원 한도)

상속세 과세표준 과세최저한 : 50만원 미만인 때

보충설명

상속세의 과세유형은 피상속인의 상속재산 전부를 상속세 과세의 기초로 하는 유산세 방식과 각 상속인별로 구분된 상속재산을 상속세 과세의 기초로 하는 유산취득세 방식으로 구분된다. 우리나라는 상속세는 유산세방식으로 증여세는 유산취득방식을 채택하고 있다.
갑이 100억원의 상속재산을 남기고 사망하여 자녀 4명이 25억원씩 상속받을 경우 우리나라 상속세는 전체 상속재산 100억원을 기준으로 상속세를 계산하게 된다. 반면 갑이 사망전 생존기간에 증여를 자녀1명에게 25억 한 경우 자녀1은 본인이 증여받은 25억원에 대한 증여세를 부담한다(단, 사망개시전 10년 이내 자녀에게 증여한 재산은 상속재산에 합산된다).

2. 상속공제

상속공제는 다음과 같이 인적공제와 물적공제로 구분된다.

> 인적공제 : 기초공제, 배우자공제, 기타인적공제
> 물적공제 : 가업상속공제, 영농상속공제, 금융재산상속공제,
>   재해손실공제, 동거주택상속공제 상속공제

3. 인적공제(장애인 관련된 인적공제만 설명하고 물적공제는 생략하도록 한다.)

(1) 기초공제와 배우자공제

구 분	내 용
기초 공제	거주자나 비거주자의 사망으로 상속이 개시되는 경우에는 2억원(기초공제)을 공제한다.
배우자공제	배우자공제액은 다음의 금액을 한도로 한다. 다만, 실제로 상속받은 금액이 없거나 그 금액이 5억원에 미달하는 때에는 5억원으로 한다. 배우자공제는 다음 중 작은 금액 ① 배우자가 실제로 상속받은 재산가액 ② 배우자의 법정상속분 - 상속세 과세가액에 합산한 배우자에 대한 증여재산의 과세표준

(2) 기타인적공제

구 분	기타 인적공제 대상자	기타인적공제액
자녀 공제	자녀	1명당 3천만원
연로자 공제	상속인(배우자 제외) 및 동거가족 중 60세 이상인 자	1명당 3천만원
미성년자 공제	상속인(배우자 제외) 및 동거가족 중 미성년자	20세에 달할 때까지의 연수 × 500만원
장애인 공제	상속인(배우자 포함) 및 동거가족 중 장애인	기대여명의 연수 × 500만원

① 동거가족

상속개시일 현재 피상속인이 사실상 부양하고 있는 직계존비속(배우자의 직계존속 포함) 형제자매로 한다.

② 연수는 역에 따라 계산하되, 1년 미만의 기간은 1년으로 한다.

③ 상속개시일 현재 통계청장이 승인하여 고시하는 통계표에 따른 성별, 연령별 기대여명의 연수를 말한다.

④ 기타 인적공제의 중복적용 여부

기타 인적공제는 중복공제를 할 수 없다. 다만, 자녀공제와 미성년자공제는 중복적용 가능하고 장애인공제는 자녀, 연로자, 미성년자, 배우자공제와 중복적용이 가능하다.

(3) 일괄공제

구 분		내 용
개 념		상속인 또는 수유자는 상속공제 중 기초공제와 기타인적공제에 갈음하여 일괄공제(5억원)를 적용받을 수 있다.
상 황	신고기한내 신고시	일괄공제 또는 항목별공제를 납세의무자가 선택하여 적용
	무신고시	일괄공제만 적용
	배우자 단독상속시	항목별공제만 적용

* 일괄공제를 적용받는 경우 기타 인적공제 중 장애인 공제는 불가하다.

4. 상속재산의 분할

(1) 유언에 의한 분할방법의 지정, 분할금지

피상속인은 유언으로 상속재산이 분할방법을 정하거나 이를 정할 것

을 제3자에게 위탁할 수 있고, 상속개시의 날로부터 5년을 초과하지 아니하는 기간내의 그 분할을 금지할 수 있다.

(2) 협의에 의한 분할

위의 경우 외에는 공동상속인은 언제든지 그 협의에 의하여 상속재산을 분할 수 있다.

(3) 유의점

상속개시 후 상속재산에 대하여 등기, 등록, 명의개서 등에 의하여 각 상속인의 상속분이 등기된 후 협의 분할에 의하여 특정 상속인이 당초 상속분을 초과하여 취득하게 된 재산가액은 증여재산 가액에 포함시켜야 한다.

다만, 다음 중 어느 하나에 해당하는 경우에는 해당 재산을 증여받은 재산에 포함시키지 않는다.

① 상속세 과세표준신고기한 이내에 재분할에 의하여 당초 상속분을 초과하여 취득한 경우
② 상속회복청구의 소에 의한 법원의 확정판결에 의하여 상속인 및 상속재산에 변동이 있는 경우 등

(4) 사례 검토

사례 1

피상속인 부의 사망으로 부의 재산(부동산과 예금)을 상속인 모, 자녀3인 이고 모와 자녀1인은 중증장애인으로 상시 치료를 요하는 상황이며 현재 병원에 입원중이다. 부동산은 장애인 자녀를 제외한 자녀의 공동명의로 할 예정이고, 예금은 모와 장애인 자녀에게 상속하여 병원비로 충당할 예정이다.

① 예금을 사실상 장애인인 어머니와 자녀가 상속받기로 협의분할을 하였으나 장애인인 관계로 관리차원에서 다른 상속인 명의로 입출금을 하는 경우에도 증여세 과세문제는 발생하지 아니할 것으로 판단되나, 구체적인 사실을 확인하여 판단할 사항이다. 이 경우 병원비로 실제 지출한 사실을 영수증 등에 의하여 확인되는 경우에는 사용처가 소명된다고 판단된다. 사회통념상 인정되는 치료비는 증여세가 비과세되는 것으로 사료된다.

보충설명

예금한 것이 증여인지 아니면 차명계좌로 보아 증여에 해당되지 아니하는 것인지 여부는 관할세무서장이 타인명의의 예금계좌에 입금하게 된 경위, 그 예금에 대한 귀속자가 누구인지, 그 예금한 금전의 사용처 등 구체적인 사실을 종합하여 판단할 사항이다.

② 법정상속지분과 실제 상속분과 다를 경우

부의 사망으로 상속이 개시된 경우로서 상속개시 후 최초로 공동상속인간의 협의분할에 의한 상속등기 등을 함에 있어서는 특정상속인이 법정상속분을 초과하여 상속재산을 취득하는 경우에도 증여세가 과세되지 아니한다.

보충설명 법정상속분

① 동순위의 상속인이 수인인 때에는 그 상속분은 균분으로 한다.
② 피상속인의 배우자의 상속분은 직계비속과 공동으로 상속하는 때에는 직계비속의 상속분의 5할을 가산하고, 직계존속과 공동으로 상속하는 때에는 직계존속의 상속분의 5할을 가산한다.

위 사례의 경우 법정상속분은

모 : 1.5   자녀3명은 각각 1이므로 모의 몫은 1.5/4.5에 해당한다.
장애인 자녀는 1/4.5이다.

 **보충설명**   상속의 종류 (적용순서 : ①→②→③)

① 유언상속 : 사망자의 유언에 따라 상속
② 협의분할 : 공동상속인 전원의 협의에 따라 상속 (상속인들의 협의만 있으면 어떤
            비율로도 가능함)
③ 법정상속 : 법에서 정한 상속비율로 상속

상속의 경우 협의분할을 할 때 지분의 변동이 발생됨으로 협의분할의 시기가 증여세 관점에서 중요하다. 즉 협의분할의 시기가 상속등기 전과 후에 따라서 부과 여부가 결정되는 것이다.

㉮ 상속등기 전 협의 분할

특정 상속인이 법정상속분을 초과하여 상속재산을 취득하게 되더라도 이는 공동상속인으로부터 증여받은 것으로 보지 아니하여 증여세 문제 없다.

㉯ 상속등기 후 협의 분할

상속등기 후 각 상속인의 상속지분이 확정된 후 협의분할 경우 특정 상속인의 법정상속지분을 초과하여 상속재산을 취득한 것으로 보아 초과된 부분에 상당하는 재산가액은 다른 상속인으로부터 증여받은 것으로 본다.

(다만, 상속등기 후 재분할 하더라도 상속세 신고기한 내에 경정등기를 하고 변경된 내용대로 상속세를 신고할 경우에는 상속지분 변동분에 대해 증여세를 과세하지 아니한다.)

사례 2

갑의 사망으로 종신보험 5억원을 상속 되었다. 친족으로는 자녀1(을)과 죽은 장애인 자녀2(병)의 배우자와 아들이 있다. 이 경우 보험금 수령에 대한 상속지분은?(법정상속으로 가정)

갑의 사망으로 을과 병에게 상속되어야 하나, 병은 사망으로 배우자와 아들이 있다면 대습상속이 이루어진다. 을은 2.5억원, 병은 2.5억원이나 사망으로 병의 배우자 1.5억원, 병의 아들이 1억원을 상속받게 된다.

사례 3

갑은 장애인 자녀 병을 양자로 입양하였다. 갑의 사망으로 상속재산 10억원이 있는 경우 장애인 입양자 병은 상속을 받을 수 있는가? 병은 자신의 친부모가 A라는 것도 알고 있다.

입양자는 법정혈족으로 양부모인 갑에 대한 상속권을 가지며 또한 자연혈족으로 친부모 A에 대한 상속권도 가지게 되어 양쪽 모두에 대한 상속권을 가지게 된다.

보충설명 장애인 부모의 병원비 관련

장애인 부모의 병환으로 장기간 치료와 입원을 하여야 할 경우 병원비도 상당히 많은 금액이 소요된다. 이 경우 병원비를 어떻게 지불하느냐에 따라 상속세 계산이 세액 상당액에 영향을 다소 미치게 된다.

① 자녀 명의의 통장에서 인출
   자녀들의 재산으로 병원비 전액을 납부할 경우 장애인 부모님의 상속재산은 변동이 없다. 따라서 이 경우 자녀의 통장은 줄어들고 상속세의 절감효과는 없게 된다.
② 돌아가시는 장애인 부모(피상속인)의 재산에서 납부
   피상속인의 재산으로 병원비를 납부할 경우 해당 금액만큼 상속재산이 감소하기 때문에 줄는 재산상당액이 적용되는 과세표준 구간의 세율만큼 상속세의 절감효과 나타난다.

따라서 피상속인의 병원비는 가급적 피상속인의 재산에서 지불하거나 아니면 돌아가시고 난 후 피상속인 재산에서 내는 것이 필요하다. (돌아가실 때까지 지불하지 못한 병원비는 채무로서 공제 받을 수 있기 때문에)

5. 추정상속재산 가액

피상속인이 피상속인의 재산을 처분하였거나 채무를 부담한 경우로서 다음에 해당하는 경우에는 이를 상속받은 것으로 추정하여 총 상속재산가액에 포함시킨다.

(1) 재산처분시

피상속인의 재산을 처분하여 받은 금액이나 피상속인의 재산에서 인출한 금액이 재산종류별(현금 및 예금, 유가증권 / 부동산 및 그 부동산에 관한 권리 / 기타 재산)로 계산하여 상속개시일 전 1년 이내에 2억원 이상인 경우와 상속개시일전 2년 이내에 5억원 이상으로서 그 용도가 객관적으로 명백하지 아니한 경우

보충설명 객관적으로 용도가 명백하지 아니한 경우

① 피상속인이 재산을 처분하거나 피상속인이 재산에서 인출한 금액을 지출한 거래상대방이 거래증빙의 불비 등으로 확인되지 아니하는 경우
② 거래상대방이 금전 등의 수수사실을 부인하거나 거래상대방의 재산상태 등으로 보아 금전 등의 수수사실이 인정되지 아니하는 경우
③ 거래상대방이 피상속인과 특수관계에 있는 자로서 사회통념상 지출사실이 인정되지 않는 경우
④ 피상속인이 재산을 처분하고 받은 금전 등으로 취득한 다른 재산이 확인되지 아니하는 경우
⑤ 피상속인의 연령, 직업, 경력, 소득 및 재산상태 등으로 보아 지출사실이 인정되지 아니하는 경우

(2) 채무 부담시

피상속인 국가, 지방자치단체, 금융기관으로부터 부담한 채무를 합친 금액이 상속개시일 전 1년 이내에 2억원 이상인 경우와 상속개시일 전 2년 이내에 5억원 이상인 경우로서 그 용도가 객관적으로 명백하지 아니한 경우

보충설명 채무 부담

부채가 국가, 지방자치단체 및 금융기관이 아닌 자에 대하여 부담한 채무인 경우에는 채무부담계약서, 채권자확인서, 담보설정 및 이자 지급에 관한 증빙 등 서류에 의하여 상속인이 실제로 부담한 사실이 객관적으로 확인되지 않으면 상속인이 변제할 의무가 없는 것으로 보아 상속세 과세가액에 산입한다. 일반 사인간의 채무가 있는 경우 금융기관을 통하여 이자를 지급하고 무통장입금증 등 증빙서류를 확보해 두어야 쉽게 채무로 인정을 받을 수 있다.

(3) 추정상속재산가액의 계산

① 용도불명금액이 기준금액에 미달하는 경우에는 추정상속재산가액
   은 없는 것으로 한다.

용도불명금액	부등호	기준금액	추정상속재산
재산처분액(채무부담액) - 용도입증금액	〈	min(재산처분 등으로 인해 받은 금액의 20%, 2억원)	없는 것으로 함.
	〉		용도불명금액 - 기준금액

② 사례 검토

사례

갑의 사망으로 장애인 자녀 을에게 상속이 이루어졌다. 갑 사망 당시 3억5천만원의 채무금액 중 5천만원은 5년전의 채무이고 3억원은 상속개시 직전 차입한 것이다. 3억원에 대한 사용용도를 입증할 수 없다면 상속추정재산은?

채무가 상속개시전 1년 이내 2억원이상인 경우 해당 채무에 대한 용도를 입증하여야 한다. 이 경우 채무에 대한 입증을 하지 못한다면 상속추정재산은 다음과 같다.

(채무금액 −용도입증금액) - Min(채무금액의 20%, 2억원)
= (3억원−0원) - Min(6천만원, 2억원)
= 3억원−6천만원 = 2억4천만원

보충설명

상속개시 전 재산을 처분하거나 과세자료가 쉽게 드러나지 않는 현금으로 상속인에게 증여하거나 상속함으로써 상속세를 부당하게 감소시키는 것을 방지하기 위해 상속개시 전 일정기간 내에 일정금액 이상을 처분하고 처분금액의 용도가 명백하지 아니한 경우에는 상속세를 과세하도록 규정하고 있다.
그러므로 상속개시 전 처분재산에 대해서는 사용처에 대한 증빙을 확보하거나 금융기관간 대체를 통하여 대금을 주고 받고 무통장입금증 등 객관적인 증빙을 확보해 두어야 하겠다.
피상속인이 상속개시 전에 처분한 재산의 사용처를 상속인이 정확하게 밝히는 것은 매우 어려운 일이다.
따라서 사망 전 용도를 확인할 수 없는 차입은 자녀에게 고통을 안겨 줄 수 있다.

 **보충설명** 상속의 승인 및 포기

(장애인 자녀가 상속받는 재산은 없고 채무만 과다할 경우라면 한정승인과 상속포기 등을 고려할 수 있다.)

단순승인	한정승인	상속포기
▸ 상속인이 상속재산에 대한 처분행위를 한 때 ▸ 상속개시가 있음을 안 날로부터 3개월 이내에 한정승인 또는 포기하지 아니할 때 ▸ 한정승인 혹은 포기 후에 상속재산을 은닉, 부정소비 하거나 고의로 재산목록에 기입하지 아니할 때	▸ 부채의 크기를 모르는 경우 상속범위 내에서 피상속인의 채무를 변제할 조건으로 상속을 승인 ▸ 채무가 재산을 초과하는 것을 안 날로부터 3개월 이내에 신청해야 함	▸ 상속포기기간 : 상속개시일로부터 3개월 이내에 가정법원에 신고 ▸ 상속인 중 상속을 포기하는 경우 다른 상속인에게 지분별로 귀속되며 결국에는 4순위인 4촌이내의 방계혈족가지 승계됨 ▸ 상속 포기시 취소 불가

6. 상속세 관련 비과세 재산가액 및 과세가액불산입

(1) 비과세 상속재산

① 국가, 지방자치단체, 공공단체에 유증 등을 한 재산

② 사회통념상 인정되는 이재민구호금품, 치료비, 불우한 자를 돕기 위하여 유증한 재산

③ 전사나 그 밖에 이에 준하는 사망 또는 전쟁이나 그 밖에 이에 준하는 공무수행 중 입은 부상, 질병으로 인한 사망으로 상속이 개시되는 경우에는 상속세를 부과하지 아니한다. (국가가 전사자의 가족에게 지급하는 위로금(또는 위자료) 역시 증여세 또는 소득세 과세대상에 해당하지 아니한다.)

용어설명 유증

유언에 의한 재산의 무상증여를 말한다. 이는 피상속인의 단독행위로서 사망을 원인으로 효력이 발생한다.
예를 들어 '갑'은 장애인 자녀 '을'이 있다. 갑은 유언으로 전체 재산 100억 중 평소 다니던 종교단체 '병'에 10억원 주도록 하였고 나머지는 장애인 자녀인 을에게 90억원을 상속하도록 하였다. 이 경우 종교단체 병이 받는 부분이 유증에 의한 것이다.

(2) 과세가입불산입

① 공익법인 출연재산

상속재산 중 피상속인이나 상속인이 공익법인 등에게 출연한 재산가액에 대하여는 상속세 신고기한 이내에 출연한 경우에 한하여 상속세 과세가액에 산입하지 아니한다.

② 공익신탁재산

상속재산 중 피상속인이나 상속인이 신탁법의 규정에 따른 종교, 자선, 학술, 그 밖에 공익을 목적으로 하는 신탁을 통하여 공익법인 등에 출연하는 재산의 가액은 상속세 과세가액에 산입하지 아니한다.

7. 장애인 자녀의 증여받은 재산가액

(1) 다음에 해당하는 재산은 상속세 과세가액에 합산한다. 이 경우 상속세 과세 가액에 합산하는 증여재산가액은 증여일 현재의 가액에 의한다.

① 피상속인이 상속인에게 증여한 경우 : 상속개시전 10년 이내에 증여한 재산가액

② 피상속인이 상속인 외의 자에게 증여한 경우 : 상속개시전 5년 이내에 증여한 재산가액

증여재산가액을 상속세 과세가액에 합산하는 것은 생전증여를 통하여 상속세의 누진부담을 회피하기 위한 것으로 이 경우 증여시 증여세 부담과 상속시 상속세가 과세되는 이중과세문제가 발생한다. 따라서 증여재산에 대한 증여세를 상속세 산출세액에서 공제하는 증여세액공제를 운영하고 있다.

(2) 유의점

다음에 해당하는 자산은 상속세 과세가액에 가산하는 증여재산가액에 포함되지 않는다.

① 비과세 증여재산
② 공익법인 등이 출연받은 재산
③ 공익신탁재산
④ 장애인이 증여받은 재산 (장애인을 보험금 수령인으로 하는 보험으로서 대통령령으로 정하는 보험의 보험금을 말한다.)

8. 세대생략 할증 과세

상속인이 피상속인의 자녀를 제외한 직계비속인 경우에는 상속세 산출세액에 상속재산 중 그 상속인이 받았거나 받을 재산이 차지하는 비율을 곱하여 계산한 금액의 30%에 상당하는 금액을 가산한다. 다만, 민법에 따른 대습상속의 경우에는 그러하지 아니한다.

사례

'갑'은 자녀 장애인'을'을 두고 있고 '을'은 자녀 '병'이 있다(병의 연령 30세). 최근 '을'은 병세가 악화되어 온전한 정신 상태를 유지하지 못하고 있다.
'갑'의 사망으로 상속이 개시될 경우 상속재산을 '병'에게 상속하고자 한다.

재산을 상속해 주고자 할 때 위와 같이 상속재산을 지킬 능력이 없는 경우 손자에게 상속을 받도록 유언을 하는 경우가 있다.

이와 같이 세대를 건너뛰어 손자 '병'에게 상속을 하게 되면 장애인 자녀 '을' 에게 상속할 때보다 30%를 할증하여 상속세를 부과한다. 갑에게서 병에게 상속할 때 상속세가 한 번 밖에 부과되지 않기 때문에 할증하는 것이다.

(다만 상속 개시전 '을'의 사망으로 '병'이 상속 받게되는 대습상속의 경우에는 할증 과세하지 아니한다. 또한 상속이 개시된 후 10년 이내 상속인이 사망하여 다시 상속하는 경우에는 재상속기간에 따라 100%~10%까지 세액공제를 적용한다.)

상속인이 건강 등이 좋지 않은 경우에는 할증과세를 하더라도 세대를 건너 뛰어 상속하는 것이 유리한지 아니면 정상적인 상속을 하는 것이 유리한지 비교 검토하여 선택하는 것이 바람직하겠다.

 **보충설명** 세대를 건너 뛴 증여의 경우

위 사례와는 다르게 세대를 건너 뛴 증여의 경우에는 어떠한가?
마찬가지로 한 세대를 건너 뛰어 재산을 이전함으로써 증여세를 회피하는 행위를 방지하기 위하여 증여자의 자녀가 아닌 직계비속에게 재산을 증여하는 경우에도 증여세액의 30% 상당액을 가산하게 된다

9. 상속세 신고기한

상속으로 인하여 재산을 취득한 상속인은 상속개시일(사망일)의 말일로부터 6개월 이내에 상속세를 신고하여야 한다. 해당 기간에 상속세를 신고할 경우 상속세의 10%를 신고세액공제로 차감해 준다.

 **사례**

'갑'은 3월 10일 사망하였다. 자녀인 '을'은 이에 대한 상속세 신고를 언제까지 하여야 하는가?

3월말일로부터 6개월 이내이므로 9월 30일까지 신고하고 이에 따른 신고세액공제를 적용받는다.
또한 상속세 신고뿐 아니라 소득세 신고도 위와 동일하게 9월말까지 이루어져야 한다.

[별지 제4호서식] <개정 2000.4.3>

장애인증명서

①성명		②주민등록번호	
③주소		(☎ :)	

④장애예상기간	영구		⑤장애내용	⑥피상속인과의관계
	비영구	부터까지		

위 사람은 상속세및증여세법 제20조·제52조의2 및 동법시행령 제18조제3항·제45조의2제8항제3호의 규정에 의한 장애인에 해당됨을 증명합니다.

년   월   일

발행인   (서명 또는 인)

세무서장 귀하

※ 위 장애인증명서는 국가유공자등예우및지원에관한법률에 의한 상이자의 증명서 또는 장애인복지법에 의한 장애인수첩의 사본의 제출로 갈음할 수 있습니다.
※ ⑤란에는 다음 중 해당번호를 기재합니다.
　1. 심신상실자와 정신지체자
　2. 국가유공자등예우및지원에관한법률에 의한 상이자
　3. 청각장애인과 시각장애인
　4. 제1호 내지 제3호 외에 항시 치료를 요하는 중증환자

22226-74911일
97.2.25 승인

210㎜×297㎜
(신문용지 54g/㎡)

상속세과세표준신고 및 자진납부계산서

①관리번호	-

신 고 인	②성 명		③주민등록번호		피상속인과의 관계	
	④주 소		(☎)		전자우편 주소	
피상속인	⑤성 명		⑥주민등록번호			
	⑦주 소					
⑧상 속 원 인			⑨상속개시일			

구 분	금 액	구 분	금 액
⑩상 속 세 과 세 가 액		㉔신 고 불 성 실 가 산 세	
⑪상 속 공 제 액		㉕납 부 불 성 실 가 산 세	
⑫과 세 표 준 (⑩-⑪)		㉖차 가 감 납 부 할 세 액 (⑯-⑰-⑱+㉔+㉕)	
⑬세 율		납부방법	납부·신청일자
⑭산 출 세 액		㉗연 부 연 납 세 액	
⑮세 대 생 략 가 산 액 (「상속세 및 증여세법」제27조)		㉘물 납	
⑯산 출 세 액(⑭+⑮)		현금	㉙분 납
⑰문 화 재 등 징 수 유 예 세 액			㉚신 고 납 부

세액공제	⑱	계(⑲+⑳+㉑+㉒+㉓)		
	⑲증여세액공제	소 계		
		「상속세 및 증여세법」제28조		
		「조세특례제한법」 제30조의5 및 제30조의6		
	⑳외 국 납 부 세 액 공 제 (「상속세 및 증여세법」제29조)			
	㉑단 기 세 액 공 제 (「상속세 및 증여세법」제30조)			
	㉒신 고 세 액 공 제 (「상속세 및 증여세법」제69조)			
	㉓그 밖 의 공 제			

「상속세 및 증여세법」제67조 및 같은 법 시행령 제64조제1항에 따라 상속세과세표준신고 및 자진납부계산서를 제출합니다.

　　　　　　　　년　　월　　일
　신 고 인　　　　　　(서명 또는 인)
　세무대리인　　　　　(서명 또는 인)
　(관리번호 :　　　☎　　　　)
　　　세무서장 귀하

구비서류	신고인 제출서류	담당 공무원 확인사항 (담당 공무원의 확인에 동의하지 아니하는 경우 신고인이 직접 제출하여야 하는 서류)
	1. 피상속인의 가족관계증명서 1부 2. 상속세과세가액계산명세서(부표 1) 1부 3. 상속인별 상속재산 및 평가명세서(부표 2) 1부 4. 채무·공과금·장례비용 및 상속공제 명세서(부표 3) 1부 5. 상속개시 전 1(2)년 이내 재산처분·채무부담 내역 및 사용처소명명세서(부표 4) 1부	상속인의 가족관계증명서 (1부)

본인은 이 건 업무처리와 관련하여 「전자정부법」 제21조제1항에 따른 행정정보의 공동이용을 통하여 담당 공무원이 위의 담당 공무원 확인사항을 확인하는 것에 동의합니다.
신고인　　　　　　　(서명 또는 인)

210㎜×297㎜(신문용지 54g/㎡ (재활용품))

제13장

장애인 관련 증여세

1. 비과세되는 증여재산

(1) 다음 각 호의 어느 하나에 해당하는 금액에 대해서는 증여세를 부과하지 아니한다.

① 국가나 지방자치단체로부터 증여받은 재산의 가액

② 내국법인의 종업원으로서 대통령령으로 정하는 요건을 갖춘 종업원단체(이하 "우리사주조합"이라 한다)에 가입한 자가 해당 법인의 주식을 우리사주조합을 통하여 취득한 경우로서 그 조합원이 대통령령으로 정하는 소액주주의 기준에 해당하는 경우 그 주식의 취득가액과 시가의 차액으로 인하여 받은 이익에 상당하는 가액

③ 「정당법」에 따른 정당이 증여받은 재산의 가액

④ 「근로복지기본법」에 따른 사내근로복지기금이나 그 밖에 이와 유사한 것으로서 대통령령으로 정하는 단체가 증여받은 재산의 가액

⑤ 사회통념상 인정되는 이재구호금품, 치료비, 피부양자의 생활비, 교육비, 그 밖에 이와 유사한 것으로서 대통령령으로 정하는 것

⑥ 「신용보증기금법」에 따라 설립된 신용보증기금이나 그 밖에 이와 유사한 것으로서 대통령령으로 정하는 단체가 증여받은 재산의 가액

⑦ 국가, 지방자치단체 또는 공공단체가 증여받은 재산의 가액

⑧ 장애인을 보험금 수령인으로 하는 보험으로서 대통령령으로 정하는 보험의 보험금

(2) 장애인 치료비와 생활비

사례 1

장애인 어머니를 위해 매달 지속적인 생활비와 치료비가 발생되고 있다. 이 금액을 매월 지급하는 경우 해당 금액을 증여로 보아야 하는지?.

장애인 부모와 자녀를 위해 지출된 사회통념상 타당하다고 인정되는 치료비와 생활비는 비과세 증여재산으로 보아 증여세를 부과하지 아니한다. 또한 장애인 치료비의 경우 근로자는 연말정산 의료비 공제를 받을 수 있다. (다만 공제 대상 소득금액 요건 충족시 가능하다)

사례 2

10년 동안 장애인 부모를 모신 동생에게 간병비 명목 등으로 1억5천만원을 주기로 한 경우 증여세 과세 대상으로 보아야 하는지?

필요할 때마다 간병비 등을 주는 경우에는 증여세가 부과되지 않지만, 한꺼번에 목돈을 지급하거나 치료비, 생활비 명목으로 받은 자금을 부동산 매입 등에 사용할 경우 증여세 부과대상으로 볼 수 있다. 따라서 치료비나 생활비는 목돈으로 지급하는 것보다는 기간을 잘게 나누어서 지급하는 것이 필요하다.

2. 가족간 매매거래에 대한 세법의 원칙

(1) 증여추정

① 배우자 또는 직계존비속에게 양도한 재산은 양도자가 배우자 또는 직계존비속에게 증여한 것으로 추정한다.

② 특수관계자에게 양도한 후 3년이내에 당초 양도자의 배우자 또는 직계존비속에게 양도 경우에도 당초 양도자가 배우자 또는 직계존비속에게 증여한 것으로 추정한다.

단, 배우자 등에게 대가를 지급받고 양도한 사실이 명백히 인정되는 경우에는 증여추정을 배제한다. 여기서 명백히 인정되는 경우란

① 등기 등록을 요하는 재산을 서로 교환한 경우

② 취득자금을 입증하는 경우

③ 당해 재산의 취득을 위하여 소유재산을 처분한 금액으로 그 대가를 지급한 사실이 입증되는 경우

(2) 증여추정을 위한 방안

① 적정한 가격 여부 및 실제 거래 여부를 입증하여야 한다. 따라서 자녀가 양수한 경우 객관적으로 출처가 확인된 자금으로 재산을 취득하게 해야 한다.

② 적정한 가액으로 실제 거래했다는 것을 입증할 수 있도록 매매계약서와 그에 따른 금융거래 자료를 철저히 준배해야 한다.

(3) 사례 검토

본인의 딸 '갑'은 20X2년 교통사고로 보험회사로부터 일금 4억원의 상해보험금을
받았고, 아버지인 본인의 계좌로 입금되어 지금까지 본인이 관리하고 있다.
교통사고 이후 여러번의 수술로 생사가 불분명하여 보험금 수령시 본인의 계좌로
입금되어 관리하고 있었으나 딸은 현재 지체1급 장애인으로 휠체어에 의지하며 지
내고 있다.
이제 딸인 '갑'이 스스로 자립하고자 하여 교통사고 보상금을 '갑'에게 돌려주려고
할 때 위와 같은 경우 증여세가 과세되는지 여부?

교통사고에 대한 피해보상금을 편의상 부의 명의로 관리하다 피해자 본인에게 이전
하는 때에는 증여세 과세문제가 발생하지 아니하는 것이다.

3. 장애인 부의 재산을 자녀에게 증여하는 경우

(1) 일반적인 증여세 계산

① 증여세 과세가액 = 증여재산가액 - 채무부담액

② 증여세 과세표준 = 증여세 과세가액 + 10년내 재차증여재산 가산
액 - 증여재산공제

③ 증여세 산출세액 = 증여세 과세표준 × 세율(10 ~ 50%)

④ 증여세 자진납부세액 = 증여세 산출세액 - 신고세액공제 등 세액공
제(산출세액의 10%)

(2) 증여세 과세표준 및 적용 세율

과세표준	세 율	누진공제액
1억원 이하	10%	
1억원 초과 5억원 이하	20%	누진공제 1천만원
5억원 초과 10억원 이하	30%	누진공제 6천만원
10억원 초과 30억원 이하	40%	누진공제 1억 6천만원
30억원 초과	50%	누진공제 4억 6천만원

(3) 증여재산 공제액

구 분	증여재산공제액
배우자로부터의 증여	6억원
직계존비속으로부터의 증여	3천만원(수증자가 미성년자인 경우 1500만원)
그 밖에 친족으로 부터의 증여	5백만원

(4) 사례검토

사례

아버지 '갑'은 정신장애 1급 판정을 받았으며, 누군가에게 돈을 그냥 주거나 과도한 물품 구입 등 현실적인 판단을 하지 못하는 상황이다. 최근 이러한 상황이 악화되어 정상적인 생활이 불가능한 상태에 이름. 갑이 보유하고 있는 마지막 자산인 토지를 보호하기 위해 자녀 '을'은 소유지를 '을' 명의로 변경하도록 '갑'을 설득하여 '갑'의 토지를 '을'에게 증여하려 한다. 이 경우 장애인 소유의 토지에 대한 증여시 세법상 혜택은?

증여란, 그 행위 또는 거래의 명칭, 형식, 목적 등에 불구하고 경제적 가치를 계산 할 수 있는 유형, 무형의 재산을 타인에게 직접 또는 간접적인 방법에 의하여 무상 (현저히 저렴한 대가 포함)으로 이전하는 것 또는 타인의 기여에 의하여 재산의 가 치가 증가하는 것을 말한다.

아버지의 토지를 아무런 대가 없이 자녀의 명의로 소유권 이전등기 하는 경우 이는 증여에 해당하는 것이며, 수증자인 '을'은 증여받은 날의 말일부터 3개월 내에 주소지를 관할하는 세무서에 증여세신고를 하여야 한다.

다만, 상속세및증여세법의 규정에 의하여 수증자(자녀)가 거주자(국내에 1년 이상 주소를 두거나 거소를 둔자)인 경우로서 증여일로부터 10년간 직계존비속으로부터 증여받은 재산이 없다면 당해 증여받은 재산에서 3천만원(미성년자는 1천5백만원)의 증여재산공제가 가능하다.

현행 상속증여세법상 수증자(을)가 장애인인 경우에는 장애인이 수령하는 보험금과 신탁이익에 대한 비과세 규정이 마련되어 있으나, 증여자(갑)가 장애인인 경우에는 별도의 특례는 없다.

(5) 기타 증여 관련 사항 검토

1) 증여시점에 대한 검토

위 사례와 같이 토지를 증여할 경우 매매가액이나 감정가액 등의 시가가 확인되는 경우를 제외하고 토지는 개별공시지가, 주택은 개별(공동) 주택가격, 주택이외의 건물의 경우에는 건물의 신축가격, 구조, 위치, 용도, 신축연도 등을 참작하여 매년 1회 이상 국세청장이 산정, 고시한 가액으로 평가하여 증여세를 계산하게 된다.

증여 시점에 당해 연도의 기준가격이 고시될 경우에는 해당 금액을 적용하나 고시되지 않았다면 전년도 기준가격을 적용하게 된다. 이 경우 고지 전과 후에 증여하는 시점에 따라 증여세 부담의 크기가 달라진다.

따라서 증여를 계획하고 있다면 사전에 개별공시지가 등을 열람하여 고시내용을 확인한다면 증여세의 부담을 다소 줄이는데 도움이 될 것이다.

2) 증여 시점을 기준으로 3개월이내 양도 및 담보제공 관련 검토

부동산을 증여할 경우 증여재산은 원칙적으로 증여당시의 시가로 평가하여야 하나, 시가 파악이 어렵다면 보충적 평가방법으로 한다.

시가란 불특정 다수인 사이에 자유로이 거래가 이루어지는 경우 통상 성립된다고 인정되는 가액을 말한다. 이러한 시가가 없다면 증여일 전후로 3개월 이내 기간 중 매매, 감정, 수용, 경매 등이 있는 경우 해당 가액을 시가로 판단하도록 세법에서 규정하고 있다.

보충설명

① 해당 재산에 대한 매매사실이 있는 경우 : 그 거래가액
② 해당 재산에 대하여 2이상의 감정평가법인이 평가한 감정가액이 있는 경우 : 그 감정가액의 평균액
③ 해당 재산에 대하여 수용, 경매 또는 공매사실이 있는 경우 : 그 보상가액, 경매가격 또는 공매가격

일반적으로 매매가액이나 감정가액 등은 기준시가 보다 높기 때문에 증여세 세부담이 많아지고 만일 신고가 이미 완료된 상태라면 적게 납부한 금액을 추징당하게 된다.

따라서 증여일로부터 3개월 전후에는 가급적 매매나 감정을 하지 아니하는 것이 바람직하고 부득이 매매, 감정, 수용 등이 있는 경우에는 그 가액으로 증여세를 신고하는 것이 필요하다.

3) 미성년자 장애인 자녀에게 증여시 주의점

일반적으로 부동산 등을 증여할 경우 장애인에 대한 별도의 혜택이 없기 때문에 장애인 자녀에게 증여시 다음과 같은 사항을 주의하여야 한다.

증여세는 증여를 받은 자녀가 납부해야 하기 때문에 자녀가 소득이 없다면 증여세의 납부를 부모가 대신하는 경우가 많다. 현금으로 증여를 받았다면 현금으로 납부하겠지만, 부동산 등을 증여 받을 경우에는

이를 처분하지 않고 납부할 방법이 없다.

자녀를 대신하여 납부한 증여세는 부모가 다시 증여한 것으로 판단함으로 이 부분에 대해 증여세를 추가로 과세하게 된다.

그러므로 자녀가 증여세를 납부할 정도의 소득이 있다면 크게 문제되지 아니하나, 대부분의 장애인 자녀의 소득을 고려할 때 당초 증여세를 자력으로 납부할 만한 능력이 되지 아니할 경우에는 증여세 상당액을 현금으로 증여하여 증여세를 신고하는 것이 바람직하다.

만일 이 부분을 간과할 경우 세무서로부터 증여세를 더 내야한다는 고지서를 받는 경우가 있고 이 경우에는 가산세까지 부담하여야 한다.

4. 장애인 관련 보험의 증여세 비과세

장애인 자녀를 둔 부모의 경우 자신들의 사후를 대비해 특별한 준비를 하지 아니할 경우 자녀는 일반적인 사회적 보호 외에는 추가적인 재정적 기대를 하기가 어려운 것이 현실이다.

여유가 있는 상황에서 부모가 장애인 자녀를 위하여 보험을 가입할 경우 증여세 없이 자녀의 계속적인 생활보장이 가능한 부분도 있기 때문에 이 부분도 검토할 필요가 있다.

(1) 보험금 관련 비과세 조항

① 「장애인복지법」 제32조에 따라 등록한 장애인 및 「국가유공자 등 예우 및 지원에 관한 법률」 제6조에 따라 등록한 상이자를 수익자로 한 보험의 보험금을 말하며 비과세되는 보험금은 연간 4천만원을 한도로 한다.

보충설명 보험에서의 수익자와 피보험자, 보험계약자 (인보험 중심으로)

① 보험계약자
보험회사와 보험계약을 체결하는 보험계약의 당자자이다.
② 피보험자
보험계약에서 본인의 목숨이나 건강 등을 담보시킨 사람을 말하며, 피보험자를 보호하기 위한 법적인 규제를 가하고 있다.
③ 수익자 (보험금을 받는 자)
보험금을 받는 자로 보험회사로부터 보험사고에 대하여 보험금 지급을 청구 및 수령할 수 있는 권리를 가진 사람을 말한다.

'갑'의 아내'을'은 '갑'의 사망시 3억원을 수령할 수 있는 생명보험에 가입하였고 이에 대한 수익자는 장애인 자녀'병'으로 하였다. 이 관계에서 보험계약자는 '을'이 되고, 피보험자는 '갑' 수익자는 '병'이 된다.

② 비과세되는 보험의 의미

사례 1

상속세및증여세법 제46조 제8항에서 장애인을 보험금수취인으로 하는 보험으로서 장애인전용 보험을 의미하는 지 아니면 일반보험이라도 장애인을 수익자로 하는 보험이라면 장애인전용보험만이 아니라 모든 보험이 이에 해당되는지?

비과세되는 보험은 일반보험이라도 장애인을 수익자로 하는 보험금액에 대하여는 증여세를 부과하지 않는 것으로 판단된다.

비과세되는 보험금을 수익자인 장애인(자녀)이 수령하고 있는 중에 보험계약자가 사망한 경우 해당 보험금은 사전증여재산인 상속재산에 포함되지 아니한다.

사례 2

장애인을 수익자로 하여 저축성보험에 가입한다면 장애인이 보험료를 납입하지 않았더라도 보험금을 수령할 때에 증여세 비과세 혜택을 받을 수 있는지?

보험료 납입자와 보험금 수령인이 다른 경우에는 보험금을 수령할 때 보험금수령인에게 증여세 과세문제가 발생하지만 장애인복지법 규정에 의하여 등록한 장애인 등이 수령하는 보험금은 연간 4천만원을 한도로 증여세가 비과세된다. 이 경우 계약자 및 피보험자가 누구인지 여부, 장애인전용보험 인지 여부와 관계없이 장애인이 수령하는 연간 4천만원 이하의 보험금은 증여세 비과세를 받을 수 있다.

매년 수령하는 보험금액이 4천만원 이내인 경우에는 비과세이므로 신고의무가 없는 것이나, 4천만원을 초과하는 경우에는 초과하는 부분에 대하여 증여세신고를 하여야 하는 것이며, 증여일(연금개시일)이 속하는 달의 말일부터 3월 이내에 수증자 주소지관할세무서에 증여세를 신고 및 납부하여야 한다.

③ 4천만원의 의미

사례

연간 4천만원 한도란 연간 납입보험료가 4천만원 이하(또는 미만)인지 아니면 보험금이 만기가 되어 수령하는 금액이 4천만원 이하(또는 미만)인지 여부?

이 경우 비과세되는 보험금은 불입한 보험료가 아닌 보험사고(만기 보험금 지급의 경우 포함)가 발생한 경우에 지급받는 보험금을 말하는 것이다.

④ 즉시연금 관련

용어설명 즉시연금

즉시연금이란 한꺼번에 목돈을 예치한 뒤 매달 연금으로 나누어 받을 수 있는 보험상품을

말한다. 연금지급형태로 확정형(20년간 지급), 종신형(최소 20년 보증), 상속형(이자수령후 원금은 상속)으로 구분된다.

사례

계약자와 피보험자는 아버지(65세)이고, 수익자(30세, 장애3등급)는 아들로, 아버지가 즉시연금보험을 가입하고, 계약 다음 달부터 매월 연금이 아들 앞으로 지급될때 1년에 4000만원 이내는 증여세과세가 되지 아니한지? 이 관계를 미리 신고해야하나요? 신고해야한다면 언제까지이며, 필요한 서류는 무엇인지?

비과세되는 보험의 종류가 장애인 전용보험으로 표시된 보험만을 의미하는 것은 아니며, 장애인이 보험금 수령인인 모든 보험금에 대하여 적용되는 것이며, 또한 장애인이 연금으로 보험금을 수령하는 경우에는 연금개시일(보험사고일)을 증여일로 보아 매년 수령하는 보험금액이 연간 4천만원 이내인 경우에는 증여세가 비과세 된다.
이 경우 매년 수령하는 보험금액이 4천만원 이내인 경우에는 비과세이므로 신고의무가 없는 것이나, 4천만원을 초과하는 경우에는 초과하는 부분에 대하여 증여세신고를 하여야 하는 것이며, 증여일(연금개시일)이 속하는 달의 말일부터 3월 이내에 수증자 주소지관할세무서에 증여세를 신고 및 납부하여야 한다.

보충설명 **정기금을 받을 권리의 평가**

정기금을 받을 권리의 가액은 다음 의하여 평가한 가액에 의한다.

1. 유기정기금
그 잔존기간에 각 연도에 받을 정기금액을 기준으로 기획재정부령이 정하는 바에 의하여 계산한 금액의 합계액에 의한다. 다만, 1년분 정기금액의 20배를 초과할 수 없다.

2. 무기정기금
그 1년분 정기금액의 20배에 상당하는 금액

3. 종신정기금
그 목적으로 된 자의 통계청장이 승인하여 고시하는 통계표에 따른 성별·연령별 기대여명의 연수(소수점 이하는 버린다)까지의 기간 중 각 연도에 받을 정기금액을 기준으로 기획재정부령이 정하는 바에 의하여 계산한 금액의 합계액에 의한다.

위 1과 3의 규정에 의한 정기금은 다음 산식에 의하여 환산한 금액의 합계액으로 한다.

$$\frac{\text{각 연도에 받을 정기금액}}{(1+\text{금융기관이 보증한 3년만기 회사채 유통수익률을 감안하여 기획재정부장관이 정하여 고시하는 이자율})^n}$$

n : 평가기준일부터의 경과연수

⑤ 원칙적으로는 피상속인(사망자)이 생명보험 또는 손해보험을 가입하고 보험료를 납부함으로써 보험사고의 발생후 상속인이 보험금을 수령하면 이는 피상속인이 상속인에게 경제적 이득을 무상이전하는 결과가 되므로 실질과세의 원칙상 보험금을 상속재산으로 간주하여 상속세를 과세하고 있다.

또한 생명보험이나 손해보험에서 보험금 수령인과 보험료 납부자가 다른 경우에는 보험사고가 발생할 경우에 보험금상당액을 보험금 수령인의 증여재산가액으로 하여 증여세를 과세하고 있으며, 보험료납부자와 보험금 수령인이 서로 같은 경우라도 해당 보험료를 타인으로부터 증여받아 납부하면 보험금수령인에게 실질적으로 무상이전의 효과가 발생하므로 추가로 증여세를 과세하고 있다. 예외적으로 보험금 수취인이 장애인일 경우에 연간 4천만원을 한도로 증여세가 비과세 되는 것이다.

5. 장애인 신탁 관련 비과세

장애인이 친족으로부터 증여 받는 금전, 유가증권, 부동산에 대하여

증여세 신고기한(증여일이 속하는 달의 말일부터 3월) 이내에 아래의
①,②,③ 요건을 모두 갖춘 경우에는 상속세및증여세법 제52조의 2의
규정에 의하여 5억원(장애인의 생존기간 동안 증여받은 재산가액의 합
계액)을 한도로 증여세가 과세되지 아니한다.

그러나 아래 요건을 모두 갖추지 못한 경우에는 증여세가 과세된다.

① 증여받은 재산의 전부를 신탁업법에 의한 신탁회사에 신탁할 것
② 당해 장애인이 신탁의 이익의 전부를 받는 수익자일 것
③ 신탁기간이 당해 장애인이 사망할 때까지로 되어 있을 것(신탁기
　간이 장애인의 사망전에 만료되는 경우에는 신탁기간을 장애인이
　사망할 때까지 계속 연장하여야 함)

재산의 관리가 불가능한 장애인의 사망시까지 생활을 보장하기 위한
규정이므로 면제 요건이 까다롭고 사후 관리도 엄격하다.

보충설명

1. 장애인의 범위
　장애인의 범위는 소득세법 제107조 제1항에서 열거하고 있는바, 그 범위는 다음
　과 같다.
　① '장애인복지법'에 의한 장애인
　② '국가유공자 등 예우 및 지원에 관한 법률'에 의한 상이자 및 이와 유사한 자
　　로서 근로능력이 없는 자
　③ 그 이외 항상 치료를 요하는 중증환자

수익자 장애인 보험금 연간 4천만원 이내	장애인 신탁
「장애인복지법」 제32조에 따라 등록한 장애인	'장애인복지법'에 의한 장애인
「국가유공자 등 예우 및 지원에 관한 법률」 제6조에 따라 등록한 상이자	'국가유공자 등 예우 및 지원에 관한 법률'에 의한 상이자 및 이와 유사한 자로서 근로능력이 없는 자
	그 이외 항상 치료를 요하는 중증환자

2. 장애인 신탁 세제혜택을 위한 재산 증여 내역
   ① 금전
   ② 유가증권
   ③ 부동산

3. 장애인신탁에 대한 세제혜택을 받기 위한 절차 등 (신고기한 내)
   ① 증여세 과세표준 신고 및 신고납부 계산서
   ② 증여재산명세서 및 증여계약서
   ③ 신탁계약서사본
   ④ 장애인임을 증명하는 서류

4. 장애인신탁과 관련 유의사항 (증여세 추징 사유)
   ① 신탁해지
   ② 신탁기간 중 수익자를 변경
   ③ 신탁한 증여재산 감소
   ④ 이익의 전부 또는 일부 장애인 외의 자에게 귀속

[관련기사] 머니위크 2012년 7월 6일자 기사 내용 발췌

'팔·다리 못 되는'장애인신탁
세제혜택 미미·예보법 적용도 못받아… 규제완화 '하루빨리'

성승제 기자

수십억원대의 재산을 보유한 김모씨(남·70)는 얼마 전 장애인신탁 상품에 가입하려고 금융사에 들렸다가 상품설명을 듣고 발길을 돌렸다. 예치기간에 상관없이 원금을 찾으면 세금(증여세)을 내야 하고 안전성을 따져야 하는 특성 때문에 기대수익도 크지 않았기 때문이다.

무엇보다 가입금액 5억원까지만 증여세 면제 혜택이 주어지는 것과 이자소득세를 내야 한다는 점이 김씨의 마음을 돌리게 하는 원인이 됐다. 김씨는 "지적장애를 겪는 아들을 위해 죽기 전에 모든 재산을 안전하게 물려주고 싶었는데 막상 장애인신탁에 대한 설명을 들어보니 혜택이 거의 없었다"고 말했다.

장애인신탁이 유명무실하다는 지적이 나오고 있다. 신탁은 현금이나 유가증권, 부동산 등의 재산을 제3자(수탁자)에게 맡겨 관리나 운용 등의 절차를 위탁하는 상품을 일컫는다. 수탁자는 은행과 보험사, 증권사 등 금융권 등이다.

◆ 가입자 혜택 미미… 사실상 과세

이중 장애인신탁은 경제력이 있는 부모가 지적장애 등으로 사회적·경제적 능력이 없는 자녀를 위해 가입하는 경우가 많다. 부모가 갑자기 불의의 사고를 당하거나 노환 등으로 사망했을 때를 대비해 자신의 재산권을 안전하게 상속할 수 있도록 수탁자에게 위임해 주는 것. 지적능력이나 판단력이 미흡한 자녀들의 상속재산을 친인척이나 제3자가 편법으로 가로채지 못하게 막아주는 상속보호 금융상품인 셈이다.

신탁은 현금은 물론 상가, 건물 등 부동산으로도 신청이 가능하다. 예컨대 현금으로 신청할 경우 가입한 다음달부터 원금의 이자를 가입자가 지정한 사람에게 지급한다. 부동산도 수탁자가 대신 관리하고 운영해준다.

신청은 지적장애뿐만 아니라 국가에서 장애인 등급이 지정된 사람이라면 누구나 가입할 수 있다.

하지만 장애인신탁은 아직 활성화되지 못하고 있다. 금융투자협회가 조사한 자료를 보면 5월 중 신한은행과 하나은행, 삼성생명, 미래에셋생명, 대한생명에서 장애인신탁을 가입한 총 금액은 63억원에 불과하다. 가입건수는 고작 14건에 그쳤다. 국내 대형은행과 보험사들이 장애인신탁을 취급하고 있지만 시장개척이 미흡하다는 평가다.

장애인신탁 가입률이 저조한 이유는 전문가 사이에서도 의견이 분분하다. 고객들이 장애인신탁에 대해 잘 모르고 있기 때문이라는 의견과 장애인신탁의 혜택이 미미하기 때문이라는 분석이 엇갈린다. 그러나 금융기관의 마케팅(홍보)이 적극적이지 않았다고 해도 이 상품의 혜택이 많았다면 가입실적이 지금처럼 낮은 수준에 머물지는 않을 것이라는 지적이 우세하다.

장애인신탁은 5억원까지만 증여세 면제혜택이 주어져 5억원을 초과할 경우 초과한 금액만큼 세금을 내야 한다. 문제는 5억원 이하를 예치했더라도 원금(일부 또는 전액)을 찾게 되면 이 금액에 대해선 증여세가 부과된다는 점이다. 이는 장애인신탁이 종신상품으로 분류돼 사실상 해지를 못하게 돼있기 때문이다. 가입기간이 10년만 넘으면 대부분 비과세 혜택이 제공되는 보험상품과 비교하면 상대적으로 불리하다.

이자소득세를 내야 하는 것도 문제로 꼽힌다. 5억원 이하로 장애인신탁을 가입한다 하더라도 증여세는 면제되지만 이자소득세(15.4%)는 꼬박꼬박 내야 한다.

보험업계의 한 관계자는 "고객이 장애인신탁에 5억원을 예치하고 수년 후 모두 찾아갈 경우 증여세 등이 부과돼 약 8700만원을 세금으로 내야 한다"며 "결과적으로는 장기적으로 가입해도 수익률은 마이너스나 다름없다"고 말했다.

또 다른 금융권 관계자는 "장애인신탁은 증여세 면제 상품이라기보다는 사실상 세금 부과기간을 일정기간 늦춰주는 것에 불과하다"며 "여기에 매달 받는 수익에 대해서는

이자소득세를 부과해야 하기 때문에 고객들에게는 실질적인 혜택이 거의 없다"고 지적했다.

예금자보호법에 적용되지 않고 이율이 낮은 것도 가입자들을 머뭇거리게 하는 이유 중하나다. 장애인신탁은 운용사마다 차이가 있지만 평균수익률이 연 3~4% 수준이다. 주식과 채권, 펀드 등 투자방식은 다양하지만 지적 판단 능력이 부족한 장애인들을 위해 가입하는 고객들이 많아 리스크를 줄이고 안정적으로 운용하는 경우가 대부분이기때문이다.

금융권 관계자는 "장애인신탁은 일반 예·적금과 달리 예금자보호법을 적용받지 않는다"면서 "원금보장이 되지 않아 가급적 안정적으로 운용해달라는 요구가 많다"고 설명했다.

◆ 금투협, 3가지 개선방안 제안

이처럼 금융권의 장애인신탁 실적이 저조하자 금융투자협회가 팔을 걷어붙였다. 금융투자협회는 6월 중순 은행과 보험, 증권사 등의 입장을 모두 수렴해 장애인신탁 규제완화를 요구하는 내용을 기획재정부에 전달했다.

금융투자협회 관계자는 "오래 전부터 금융권에서 장애인신탁 규제완화를 요구해옴에따라 기획재정부에 의견을 전달했다"면서 "결과가 어떻게 될지는 모르겠지만 정부가일정부분은 수용해줄 것으로 기대하고 있다"고 말했다.

금융투자협회가 제안한 개선방안은 크게 3가지다. 비과세 가입한도를 5억원에서 8억원까지 높여달라는 의견과 장애인들의 교육비, 치료비 등 불가피한 상황에 대해서는원금을 찾아도 세제혜택을 받을 수 있도록 해달라는 것. 또 이자소득세 면제 등도 포함됐다.

금융권 관계자는 "장애인신탁은 사회적 약자를 배려하기 위해 출발했음에도 현재 운용되는 상품을 보면 장애인을 배려하는 내용이 거의 없다"며 "정부가 직접 나서서 장애인 전용 상품을 활성화해야 한다"고 지적했다.

이에 대해 기획재정부는 늦어도 7~8월 중 세제혜택 규제완화 여부를 결정할 계획이라고 밝혔다. 기획재정부 관계자는 "현재 금융투자협회에서 장애인신탁에 대한 의견을접수받았다"며 "결과는 아직 이야기할 수 없지만 시기는 대략 7~8월 중 결정될 것으로 보인다"고 밝혔다. 이어 "세제와 관련된 부분이 많아 여러가지 복잡한 사안들이 많다"며 "지금으로서는 어떤 결과가 나올지 예측하기 힘들다"고 덧붙였다.

6. 증여세 신고기한

증여로 인하여 다른 사람으로부터 재산을 증여 받은 자는 증여 받은 날의 말일로부터 3개월 이내에 증여세를 신고하여야 한다. 해당 기간에 증여세를 신고할 경우 증여세의 10%를 신고세액공제로 차감해 준다.

사례

'갑'은 3월 10일 장애인 자녀 '을'에게 부동산을 증여하였다. 자녀인 '을'은 이에 대한 증여세 신고를 언제까지 하여야 하는가?

3월말일로부터 3개월 이내이므로 6월 30일까지 신고하고 이에 따른 신고세액공제를 적용받는다.

■ 상속세 및 증여세법 시행규칙 [별지 제10호서식] <개정 2011.7.26>

증여세과세표준신고 및 자진납부계산서
(기본세율 적용 증여재산 신고용)

(앞쪽)

① 관리번호	-				
수증자	② 성명		③ 주민등록번호		전자우편주소
	④ 주소		(☎ :)		⑤ 증여자와의 관계
증여자	⑥ 성명		⑦ 주민등록번호		
	⑧ 주소		(☎ :)		

증 여 재 산

⑨ 증여일	⑩ 종 류	⑪ 소재지 국외재산 국가명	⑫ 수량(면적)	⑬ 단가	⑭ 금액
계					

구 분	금 액	구 분	금 액
⑮ 증 여 재 산 가 액		㉝ 박물관자료 등 징수유예세액	
⑯ 증여재산가산액 (「상속세 및 증여세법」 제47조제2항)		세액공제 ㉞ 세액공제 합계	
⑰ 비 과 세 재 산 가 액		㉟ 기납부세액 (「상속세 및 증여세법」 제58조)	
과세가액 불산입	⑱ 공익법인 출연재산가액 (「상속세 및 증여세법」 제48조)		㊱ 외국납부세액공제 (「상속세 및 증여세법」 제59조)	
	⑲ 공익신탁 재산가액 (「상속세 및 증여세법」 제52조)		㊲ 신고세액공제 (「상속세 및 증여세법」 제69조)	
	⑳ 장애인 신탁 재산가액 (「상속세 및 증여세법」 제52조의2)		㊳ 그 밖의 공제·감면세액	
㉑ 채 무 액		㊴ 신고불성실가산세	
㉒ 증여세과세가액(⑮+⑯-⑰-⑱-⑲-⑳-㉑)		㊵ 납부불성실가산세	
증여재산 공제	㉓ 배 우 자		㊶ 공익법인 등 관련 가산세 (「상속세 및 증여세법」 제78조)	
	㉔ 직계존비속		㊷ 차가감 자진납부할 세액 (㉜-㉝-㉞+㊴+㊵+㊶)	
	㉕ 그 밖의 친족		납부방법	납부 및 신청일
㉖ 재해손실공제(「상속세 및 증여세법」 제54조)		연부연납 ㊸ 연부연납	
㉗ 감 정 평 가 수 수 료		㊹ 물 납	
㉘ 과세표준(㉒-㉓-㉔-㉕-㉖-㉗)		현금 ㊺분 납	
㉙ 세 율		㊻ 신고납부	
㉚ 산 출 세 액			
㉛ 세대생략가산액(「상속세 및 증여세법」 제57조)			
㉜ 산 출 세 액 계(㉚+㉛)			

「상속세 및 증여세법」 제68조 및 같은 법 시행령 제65조제1항에 따라 증여세과세표준신고 및 자진납부계산서를 제출합니다.

년 월 일

신 고 인 (서명 또는 인)
세무대리인 (서명 또는 인)
(관리번호 : ☎)

세무서장 귀하

신청(신고)인 제출서류	1. 증여재산 및 평가명세서(부표) 1부 2. 채무사실 등 그 밖의 증명서류 1부 3. 증여자 및 수증자 관계를 알 수 있는 가족관계등록부 1부	수수료 없음
담당공무원 확인사항	1. 주민등록등본	

행정정보 공동이용 동의서

본인은 이 건 업무처리와 관련하여 담당 공무원이 「전자정부법」 제36조제1항에 따른 행정정보의 공동이용을 통하여 위의 담당 공무원 확인 사항을 확인하는 것에 동의합니다.
* 동의하지 아니하는 경우에는 신청인이 직접 관련 서류를 제출하여야 합니다.

신청인 (서명 또는 인)

210mm×297mm[일반용지 70g/㎡(재활용품)]

(뒤쪽)

작 성 방 법

※ 이 서식은 아래 증여세 세율표 나.에 해당하는 증여세 기본세율이 적용되는 증여재산에 대하여 증여세신고를 하는 경우에 사용합니다.

1. ① 관리번호란은 신고인이 적지 아니합니다.
2. ⑪ 소재지의 국외재산 국가명란에는 재산 소재지가 국외인 경우 재산 소재지의 국가명을 적고, 국외재산 소재지는 한글 또는 영문으로 적는 것이 원칙입니다.
3. ⑮ 증여재산가액란에는 ⑯「상속세 및 증여세법」 제47조제2항에 따른 증여재산가산액을 포함하지 아니합니다.
4. 「조세특례제한법」 제30조의5에 따른 창업자금 또는 같은 법 제30조의6에 의한 가업승계 주식 등에 대한 증여세과세가액[증여재산평가 및 과세가액 계산명세서(별지 제10호의2서식 부표) ⑪ 금액]이 30억원을 초과하는 경우에는 별지 제10호의2서식 부표의 ⑯ 증여재산가액과 ⑰ 채무액에 해당하는 가액을 이 서식의 ⑮ 증여재산가액란 또는 ㉑채무액란에 각각 적습니다.
5. ㉑ 채무액란은 해당 증여재산에 담보된 채무액 중 수증자가 인수한 채무액을 적습니다.
6. ㉓ 배우자란부터 ㉕ 그 밖의 친족란까지는 증여자와의 관계에 따라 다음의 구분에 따라 적습니다.
   가. 배우자 : 10년간 6억원
   나. 직계존비속 : 10년간 3천만원(미성년자의 경우에는 1천5백만원)
   다. 그 밖의 친족 : 10년간 5백만원
7. ㉙ 세율란은「상속세 및 증여세법」 제26조 및 제56조에 따른 세율을 적습니다.
8. ㉚ 산출세액란에는 다음 계산식에 따라 계산한 금액을 적습니다.
   ㉘ 과세표준 × ㉙ 세율 - 아래 증여세율표에 따른 누진공제액
9. ㊴ 신고불성실가산세란 및 ㊵ 납부불성실가산세란에는「국세기본법」 제45조의3에 따라 기한 후 신고를 하는 경우에「국세기본법」 제47조, 제47조의2부터 제47조의5까지 및 제48조에 따라 부담할 가산세를 적고, ㊶ 공익법인 등 관련 가산세란에는「상속세 및 증여세법」 제78조에 따라 부담할 공익법인 등 관련 가산세를 적습니다.
10. ㊺ 분납란은 납부할 금액(㉜-㉝-㉞)이 1천만원을 초과하는 경우 다음의 구분에 따른 금액을 적되, 「상속세 및 증여세법」 제71조에 따라 연부연납을 허가받은 경우에는 분납을 신청할 수 없습니다.
    가. 납부할 세액이 2천만원 이하인 경우에는 1천만원을 초과하는 금액
    나. 납부할 세액이 2천만원을 초과하는 경우에는 그 세액의 100분의 50 이하의 금액
11. ㊻ 신고납부란의 신고납부세액은「상속세 및 증여세법」 제68조에 따른 증여세 과세표준신고 시에 납부할 세액을 적습니다.

증여세 세율표

증여재산 구분	과세표준	세율	누진공제액
가. 창업자금 또는 가업승계 주식 등(「조세특례제한법」 제30조의5 및 제30조의6)		10%	-
나. 가목 외의 자산	1억원 이하	10%	-
	1억원 초과 5억원 이하	20%	1,000만원
	5억원 초과 10억원 이하	30%	6,000만원
	10억원 초과 30억원 이하	40%	16,000만원
	30억원 초과	50%	46,000만원

[부록1] 공익법인

공익법인의 세무

1. 비영리법인과 공익법인의 비교

비영리법인	공익법인
① 민법 32조에 따라 설립된 법인 ② 그 밖의 특별법에 따라 설립된 법인으로 위 ①과 유사한 법인 ③ 국기법 법인으로 보는 단체	세법상 공익법인은 비영리법인 중 상속세 및 증여세법 시행령 12조 각호에 열거된 공익사업을 영위하는 법인
공익법인과 같은 목적으로 하지 않아도 됨	반드시 사회일반의 이익을 목적으로 함 불특정다수의 이익(공익)을 사업목적으로 하는 법인

2. 공익법인의 종류

① 종교의 보급 기타 교화에 현저히 기여하는 사업

② 초중등교육법 및 고등교육법에 의한 학교, 유아교육법에 의한 유치원을 설립, 경영하는 사업

③ 사회복지사업법의 규정에 의한 사회복지법인이 운영하는 사업
    (장애인복지법, 장애인 노인 임산부 등의 편의증진보장에 관한 법

률, 장애인연금법, 장애인활동 지원에 관한 법률)

④ 의료법 또는 정신보건법의 규정에 의한 의료법인 또는 정신의료
   법인이 운영하는 사업

⑤ 공익법인의 설립 운영에 관한 법률의 적용을 받는 공익법인이 운
   영하는 사업

⑥ 예술 및 문화에 현저히 기여하는 사업 중 영리를 목적으로 하지
   아니하는 사업으로서 관계행정기관의 장의 추천을 받아 기획재정
   부장관이 지정하는 사업

⑦ 공중위생 및 환경보험에 현저히 기여하는 사업으로서 영리를 목
   적으로 하지 아니하는 사업

⑧ 공원 기타 공중이 무료로 이용하는 시설을 운영하는 사업

⑨ 지정기부금 단체 등 기부금대상민간단체가 운영하는 고유목적사
   업 등. 다만 회원이 친목 또는 이익을 증진시키거나 영리를 목적
   으로 대가를 수수하는 등 공익성이 있다고 보기 어려운 고유목적
   사업을 제외

3. 비영리법인 설립절차 및 법인설립신고

(1) 일반적인 절차

① 재산의 출연 및 정관작성

② 주문관청의 설립허가

③ 설립등기

④ 법인설립등기

⑤ 사업자등록 (고유번호 또는 사업자등록 번호 부여)

(2) 수익사업을 개시하는 경우

새로 수익사업을 개시한 때에는 그 개시일부터 2월 이내에 수익사업 개시신고서와 함께 그 사업개시일 현재의 수익사업과 관련된 서류 등을 납세지 관할세무서장에게 신고하여야 한다.

① 수익사업 개시신고

② 부가세법상, 법인세법상 사업자등록

비영리법인의 수익사업 개시신고서
(사업자등록증 발급 신청서)

접수번호	접수일자	처리기간 3일 (보정기간은 불산입)

신 고 할 내 용

법인명 (단체명)		고유번호		대표자 (관리책임자)	
수익사업의 사업장 소재지					
본점, 주사무소, 또는 사업의 실질적 관리장소의 소재지					
전 화 번 호			핸드폰번호		
고유목적사업				수익사업개시일	
사 업 연 도	월 일 ~ 월 일				

수 익 사 업 의 종 류

주 업 태	주 종 목	주업종코드	부 업 태	부 종 목	부업종코드

주 류 면 허		개 별 소 비 세 (해당란에 ○표)				부가가치세 과세사업		인 · 허 가 사업여부			
면 허 번 호	면허신청 여 부	제 조	판 매	장 소	유 흥	여	부	신고	등록	인 · 허가	기타

전자세금계산서 (e세로)	회원 가입 신청 여부	[ ]여 [ ]부	사용자아이디 (ID)	* 온라인 신청 회원과 ID 중복방지를 위해 기재하신 ID앞에 영문이 첨부되어 등록됩니다.(qt[xxxxx] : 세무서 신청, qh[xxxxx] : 홈택스 신청) (영어 또는 영어 · 숫자의 조합, 6~20자)
	전용 메일 이용 동의	[ ]동의함 [ ]동의하지않음	* e세로 회원가입 [v]여로 한 경우 한해 전용메일 이용 동의 여부 선택이 가능하며 동의한 경우 사업자등록증에 전용메일 주소가 표시됩니다. * 아래 전자우편주소로 초기 비밀번호가 발송되니 전자우편주소를 반드시 정확하게 기재하여야 합니다.	

전자우편주소		국세청이 제공하는 국세정보 수신동의 여부	[ ]동의함 [ ]동의하지않음

납세자의 위임을 받아 대리인이 신고를 하는 경우 아래 사항을 적어 주시기 바랍니다.

대리인 인적사항	성 명		생 년 월 일	
	전화번호		납세자와의 관계	

「법인세법」 제110조에 따라 위와 같이 비영리법인의 수익사업 개시신고서를 제출합니다.

년 월 일

신고인　　　　　　　　　(서명 또는 인)

세무서장　　　　　　　귀하

첨부서류	1. 고유번호증 2. 수익사업에 관련된 개시 재무상태표 1부. ※ 새롭게 사업장을 설치하고 수익사업 개시신고를 하는 경우에는 사업자등록신청서를 별도로 제출하여야 합니다.	수수료 없 음

210mm×297mm[백상지 80g/㎡ 또는 중질지 80g/㎡]

4. 수익사업에 대한 법인세 신고

상증법상 공익법인은 법인세법상 비영리법인에 해당되어 수익사업을 영위하는 경우에는 해당 소득에 대한 법인세를 신고 및 납부할 의무가 있다.

또한 토지 등 양도소득은 납세의무(3년간 고유목적사업 사용 등 요건 충족시 과세되지 아니함)가 있고, 청산소득에 대해서는 법인세 납세의무가 없다.

(1) 수익사업의 종류

① 제조업, 건설업, 도매업, 소매업, 소비자용품수리업, 부동산 임대 및 사업서비스업 등 제외사업으로는 장애인복지법에 따른 장애인 복지시설이 있다.

② 이자와 배당소득 (분리과세 원천징수로 과세 종결 가능)

③ 주식 신주인수권 또는 출자지분의 양도로 인하여 생기는 수입

④ 고정자산의 처분으로 인하여 생기는 수입

다만 고정자산처분일 현재 3년 이상 계속하여 당해 고유목적사업 (①의 수익사업은 제외)에 직접 사용한 고정자산의 처분으로 인한 수입은 과세제외

공익법인이 출연받은 부동산으로 임대사업을 하여 그 운용소득을 직접 공익목적에 사용한 경우 해당 부동산 자체를 고유목적에 직접 사용한 것이 아니므로 해당 부동산을 처분할 때 법인세가 과세된다. (단 상증법상 출연재산과 운용소득을 고유목적에 사용하였으므로 증여세 과세대상은 아니된다. 즉 출연재산을 고유목적사업에 충당하기 위해 수익용으로 운용한 경우 상증법상 고유목적에 사용한 것으로 본다.)

⑤ 소득세법상 자산의 양도와 채권 등을 매도함에 따른 매매익

보충설명

비영리내국법인이 그 회원으로부터 받는 회비는 수익사업에서 생기는 소득에 해당되지 아니하는 것이나 그 회비의 실질이 용역제공 등과 관련한 대가인 경우에는 수익사업에서 생긴 소득으로 보는 것임.

보충설명

장애인복지법에 따른 장애인복지시설로서 같은 법 시행규칙 별표4에 열거하고 있는 장애인보호작업장을 운영하는 경우 해당 사업은 법인세법상 수익사업에 해당하지 아니하는 것이다.

(2) 수익사업의 구분경리

비영리법인이 수익사업과 고유목적사업을 겸영하는 경우에는 자산과 부채 및 손익을 그 수익사업에 속하는 것과 고유목적사업에 속하는 것을 각각 다른 회계로 구분하여 기록한다.

공통자산과 공통부채, 공통익금(쉬운접근 : 수익)과 공통손금(쉬운접근 : 비용)의 구분경리(쉬운접근 : 나누어 장부 작성)방법은 다음과 같다.

구　분	내　용		
공통자산 공통부채	① 수익사업과 비영리사업에 공통되는 자산 부채는 이를 수익사업에 속하는 것으로 한다. ② 수익사업의 자본금은 수익사업의 자산합계액에서 부채(충당금 포함)합계액을 공제한 금액으로 한다.		
공통익금 공통손금	공통익금	수입금액, 매출액 비율로 안분계산	
	공통손금	업종이 동일한 경우	수입금액, 매출액 비율로 안분계산
		업종이 다른 경우	개별손금액 비율로 안분계산

5. 고유목적사업준비금

(1) 설정대상 법인

고유목적사업준비금을 설정할 수 있는 법인은 비영리내국법인에 한한다.

(2) 손금한도액

비영리내국법인이 각 사업연도에 고유목적사업 또는 지정기부금에 지출하기 위하여 고유목적사업준비금을 손금으로 계상하는 경우에는 손금산입한도액 범위 안에서 당해 사업연도의 소득금액 계산상 손금에 산입한다.

고유목적사업준비금의 손금한도액은 다음과 같다.

이자소득금액, 배당소득금액 × 100% + (수익사업소득금액 − 이자소득금액 − 배당소득금액 − 이월결손금 − 법정기부금, 지정기부금 손금산입액) × 50%(80%, 100%)

(3) 고유목적사업준비금의 사용범위

① 고유목적사업에 직접 소요되는 고정자산 취득비용 및 인건비 등 필요경비

② 지정기부금의 지출 등

(4) 상계와 환급 및 승계

1) 상계

손금산입한 고유목적사업준비금을 고유목적사업 또는 지정기부금에 지출하는 경우에는 그 금액을 먼저 계상한 사업연도의 고유목적사업준비금부터 순차로 상계하여야 한다. 이 경우 직전 사업연도 종료일 현재의 고유목적사업준비금의 잔액을 초과하여 해당 사업연도의 고유목적사업 등에 지출한 금액은 이를 해당 사업연도에 계상한 고유목적사업준비금에서 지출한 것으로 본다.

2) 환입

손금에 환입한 고유목적사업준비금의 잔액이 있는 다음 중 어디 하나에 해당하는 경우 그 잔액은 해당 사유가 발생한 날이 속하는 사업연도에 익금산입한다.

③의 익금산입하는 경우에는 법인세 감소액에 대한 이자상당액을 해당 사업연도의 법인세에 가산하여 납부하여야 한다.

① 해산하거나 고유목적사업을 전부 폐지한 때
② 법인으로 보는 단체가 승인취소 또는 거주자로 변경된 때
③ 고유목적사업준비금을 손금으로 계상한 사업연도의 종료일 이후 5년이 되는 날까지 고유목적사업 등에 사용하지 아니한 때 (5년 내 사용하지 아니한 잔액에 한함)

3) 승계

고유목적사업준비금을 손금에 산입한 법인이 다른 비영리법인에게 포괄적으로 양도하고 해산하는 경우에는 해산등기일 현재의 고유목적사업준비금 잔액은 그 다른 비영리내국법인이 승계할 수 있다.

6. 이자소득에 대한 법인세 계산 특례

비영리법인의 이자소득은 다른 소득과 달리 과세표준 및 세액의 신고를 하지 아니할 수 있다.

이자소득 수령시 원천징수하는 방법에 의해 납부하는 것과 법인세 신고납부하는 방법 중 하나를 선택할 수 있다.

만일 과세표준 신고를 하지 아니한 이자소득에 대하여는 수정신고, 기한후 신고 또는 경정 등에 의하여 과세표준에 포함할 수 없다.

이자소득만 있는 비영리법인은 고유목적사업준비금을 설정하여 규정한 간이신고서식에 의하여 법인세 과세표준을 신고하여 기납부한 원천징수된 이자소득세를 전액 환급받을 수 있다.

이 경우 재무제표 등을 첨부할 필요가 없다.

* 이자소득만 있는 비영리법인의 법인세 신고서류
① 이자소득만 있는 비영리법인의 법인세, 농어촌특별세 과세표준 및 세액신고서
② 고유목적사업준비금 조정명세서 (갑), (을)
③ 원천납부세액명세서

■ 법인세법 시행규칙 [별지 제56호서식]　　홈택스(www.hometax.go.kr)에서도 신고할 수 있습니다.

법인세 · 농어촌특별세 과세표준(조정계산) 및 세액신고서
(이자소득만 있는 비영리법인 신고용)

※ 뒤쪽의 작성방법을 읽고 작성하여 주시기 바랍니다.　　　　　　　　　　　　(앞 쪽)

①소 재 지		②전자우편주소	
③법 인 명		④대표자성명	
⑤사업자등록번호		⑥사업연도	⑦전화번호

구　　　　분		법　인　세	농 어 촌 특 별 세
과세표준 계산	⑧이 자 소 득 금 액 계		
	⑨준 비 금 손 금 산 입 액		
	⑩기 부 금 손 금 산 입 액		
	⑪기부금한도초과 이월액손금산입		
	⑫각 사 업 연 도 소 득 금 액 （⑧－⑨-⑩-⑪）		
	⑬비　과　세　소　득		
	⑭과　세　표　준(⑫－⑬)		
세액의 계산	⑮세　　　　　　　　율		
	⑯산　출　세　액		
	⑰가　산　세　액		
	⑱가 감 계(⑯+⑰)		
	기납부 세액	⑲중 간 예 납 세 액		
		⑳원 천 납 부 세 액		
		㉑(　　　　)세 액		
		㉒계(⑲＋⑳＋㉑)		
	㉓추 가 납 부 세 액		
	㉔차 감 납 부 할 세 액 （⑱－㉒+㉓）		
	㉕분　납　할　세　액		
	㉖차 감 납 부 할 세 액 (㉔- ㉕)		

국세환급금 계좌신고	㉗예 입 처	은행	(본)지점
	㉘예 금 종 류	예금	
	㉙계 좌 번 호		

신고인은 「법인세법」 제60조에 따라 위의 내용을 신고하며, 위 내용을 충분히 검토하였고 신고인이 알고 있는 사실 그대로를 정확하게 적었음을 확인합니다.

　　　　　　신고인(대표자)　　　　　　(서명 또는 인)

세무대리인은 조세전문자격자로서 위 신고서를 성실하고 공정하게 작성하였음을 확인합니다

　　　　　　　　　　　年　　　　月　　　　日

　　　　　　세무대리인　　　　　　(서명 또는 인)

세무서장　　　귀하

210mm×297mm[일반용지 60g/㎡(재활용품)]

■ 법인세법 시행규칙 [별지 제27호서식(갑)] <개정 2012.2.28>

(앞 쪽)

| 사 업
연 도 | · · ·
~
· · · | 고유목적사업준비금
조정명세서(갑) | | 법인명 | |
| | | | | 사업자등록번호 | |

1. 손금산입액 조정

① 소득금액	② 당기 계상 고유 목적사업 준비금	③ 「법인세법」 제24조제2항 및 「조세특례제한법」 제73조제1항에 따른 기부금	④ 해당 사업연도 소득금액 (①+②+③)	⑤ 「법인세법」 제29조제1항제1호 부터 제3호까지에 따른 금액	⑥ 「법인세법」 제13조제1호에 따른 결손금

⑦ 「법인세법」 제24조제2항 및 「조세특례제한법」 제73조제1항에 따른 기부금	⑧ 수익사업 소득금액 (④-⑤-⑥ -⑦)	⑨ 손금산입률	⑩ 손금산입한도액 (⑤+⑧×⑨)	⑪ 당기 계상 고유목적사업 준비금 (⑪ = ②)	⑫ 손금부인액 (⑪-⑩)
		$\dfrac{50(60,80,100)}{100}$			

2. 고유목적사업준비금 명세서

⑬ 사업연도	⑭ 손금산입액	⑮ 직전 사업연도까지 고유목적사업 지출액	⑯ 해당 사업연도 고유목적사업 지출액	⑰ 잔 액 (⑭-⑮-⑯)	
				⑱ 5년 이내분	⑲ 5년 경과분
(당 기)					
계					

210mm×297mm[백상지 80g/㎡ 또는 중질지 80g/㎡]

■ 법인세법 시행규칙 [별지 제27호서식(을)] <개정 2011.2.28>   (앞 쪽)

사 업 연 도	. . . ~ . . .	고유목적사업준비금 조정명세서(을)		법인명	
				사업자등록번호	

지출내역				④금액	⑤비고
①구분	②적요	③지출처			
		상호(성명)	사업자등록번호 (주민등록번호)		
I. 지정기부금					
II. 고유목적사업비					
III. 고유목적사업관 련 운영경비					
IV. 기 타					
⑥계					

작 성 방 법

1. 「법인세법」 제29조 및 「조세특례제한법」 제74조에 따른 고유목적사업준비금을 해당 사업연도에 고유목적사업에 지출한 비영리법인 및 단체가 작성합니다.
2. ②적요란은 고유목적사업에 지출한 상세 항목을 적습니다.
   예) 장학금 지급, 부동산(토지와 건물 구분 기재)취득, 의료기기 취득, 인건비 (임원과 직원 급여구분 기재), 임차료, 전기료, 전화료 등
3. 비영리법인인 장학재단의 경우에는 ③지출처란에 장학금을 지급받는 자의 인적사항을 적습니다.
4. ④금액란은 현금의 경우에는 현금지출액을, 현금 외의 기타의 경우에는 시가를 적고 시가가 불분명한 경우에는 「법인세법 시행령」 제89조의 가액을 시가로 합니다.
5. ⑥계란은 "고유목적사업준비금조정명세서(갑)[별지 제27호서식(갑)]"의 ⑯란의 계와 일치하여야 합니다.

210mm×297mm[일반용지 70g/㎡(재활용품)]

| 사 업
연 도 | . . .
~
. . . | 원천납부세액명세서(갑) | | 법인명 | |
| | | | | 사업자등록번호 | |

원천징수 명세내용

①적요	②원 천 징 수 의 무 자		③원천징수일	④이자금액	⑤세 율	⑥법 인 세
	사업자(주민등록)번호	상 호(성명)				
합 계						

210mm×297mm[일반용지 70g/㎡(재활용품)]

6. 토지 등 양도소득

비영리법인이 토지 등을 양도하는 경우 각 사업연도소득에 대한 법인세를 신고 납부하여야 한다. 처분일 현재 3년 이상 계속하여 당해 고유목적사업에 직접 사용한 경우 과세에서 제외한다.

1) 각 사업연도 소득에 대한 법인세 신고

양도가액에서 취득가액 등을 차감한 양도차익을 각 사업연도소득에 포함하여 신고한다.

2) 자산양도소득에 대한 과세특례

① 수익사업을 영위하지 아니하는 비영리법인은 자산양도소득에 대하여 각 사업연도 소득에 대한 법인세를 납부하는 것에 갈음하여 소득세법상 양도소득세 규정을 준용하여 계산한 과세표준에 양도소득세율을 적용한 금액을 법인세로 납부할 수 있다.

② 과세표준과 세율

과세표준과 세율은 양도소득세 규정을 준용하여, 양도가액에서 필요경비와 장기보유특별공제, 양도소득기본공제를 차감하여 계산한다.

③ 적용대상 자산

토지, 건물, 특정주식, 특정법인의 주식 등, 양도소득세 과세대상 주식 또는 출자지분

④ 예정신고

비영리법인이 특례규정을 선택한 경우에는 부동산 등을 양도한 날이 속하는 달의 말일로부터 2개월이 되는 날까지 양도소득과세표준 예정신고 및 자진납부를 하여야 한다. 이 규정에 의하여 양도소득세 과세

표준 예정신고를 한 비영리법인은 법인세의 신고를 한 것으로 본다.

상기의 과세특례 규정은 수익사업을 영위하지 아니하는 비영리법인에 한하여 적용받을 수 있다.

제2절 공익법인에 대한 상속 및 증여세 관련 사항

1. 상속세 과세가액 불산입

상속재산 중 피상속인이나 상속인이 공익법인 등에게 출연한 재산가 액에 대하여는 상속세 신고기한 이내에 출연한 경우에 한하여 상속세 과세가액에 산입하지 아니한다.

그러나 상속세 과세가액 불산입 한 후 당해 재산 및 그 재산에서 생 기는 이익이 상속인 및 그와 특수관계 있는 자에게 귀속되는 경우에는 그 가액에 대하여 상속세를 추징한다.

① 피상속인(쉬운 접근 : 사망한 분)

공인법인의 이사장 및 이사와 피상속인 또는 상속인과의 특수관계 여부에 불구하고 출연재산에 대하여 상속세 과세가액에 산입하지 아니 한다.

② 상속인이 출연하는 경우

상속인들의 합의에 의한 의사에 따라 상속세 과세표준 신고기한 이 내에 출연하되, 상속인이 출연받는 공익법인 등의 이사인원의 5분의 1 을 초과하여 이사가 되지 아니하여야 하며, 이사의 선임 등 사업운영 에 관한 중요사항을 결정할 권한이 없어야 한다.

③ 출연 시한

출연할 재산의 소유권을 공익법인에게 이전하는 것은 상속세 과세표

준 신고기한(상속개시일이 속하는 달의 말일로부터 6개월 이내)까지 공익법인에 재산을 출연하는 경우에 한하여 상속세과세가액에 산입하지 아니한다.

출연재산의 소유권이전, 법령상 행정상의 이유로 이전 및 설립허가가 지연되는 경우 그 사유가 종료된 날이 속하는 달의 말일로부터 6개월까지 그 출연을 이행하여야 한다.

2. 증여세 과세가액 불산입

공익법인 등이 출연받은 재산의 가액은 증여세 과세가액에 산입하지 아니한다.

다만, 공익법인이 내국법인의 주식을 출연받는 경우로서 총발행주식수의 5%(또는 10%)를 초과하여 보유하는 경우에는 초과분에 대해 증여세가 과세된다.

제3절 공익법인에 대한 부가가치세 관련 사항

① 종교, 자선, 학술, 구호, 그 밖의 공익을 목적으로 하는 단체가 공급하는 재화 또는 용역에 대하여는 부가가치세를 면제한다.

② 종교, 자선, 학술, 구호, 그 밖의 공익을 목적으로 하는 단체가 외국으로부터 종교단체, 자선단체 도는 구호단체에 기증되는 재화의 수입은 부가가치세를 면제한다.

제4절

공익법인의 납세협력 관련 사항

구 분	내 용	가산세
보고서 등 제출의무	① 대상 : 재산출연 공익법인 ② 제출기한 : 사업연도 종료일로부터 3개월 이내 ③ 관련서류 : 주무관청에 제출하는 손익계산서 등	보고서 미제출 상당액의 상속및증여세액의 1%
장부의 작성 비치 의무	① 사업연도별 출연 재산 및 공익사업 운용내용에 대한 장부 작성 ② 보존기간 : 10년 ③ 외부전문가 : 변호사, 공인회계사, 세무사 (2인이상)	(해당 사업연도 수입금액+출연재산가액) X 0.07%(예외규정 有)
외부전문가의 세무확인서 제출의무	① 대상 : 총자산가액 10억원 이상, 사업연도 수입금액+출연재산가액 5억원 이상 ② 보고기한 : 사업연도 종료일로부터 3개월이내	(해당 사업연도 수입금액+출연재산가액) X 0.07%
외부 회계감사를 받아야 할 의무	① 총자산가액 100억원 이상 공익법인 (외부감사를 받은 공익법인은 외부전문가 세무확인대상에서 제외)	의무불이행시 가산세 부과는 없으나 주식 등 관련사항의 완화를 위해서 회계감사를 받아야 한다.
전용계좌 개설 사용의무	① 직접공익목적사업 관련 수입과 지출에 대한 전용계좌 개설 및 사용 ② 사용의무 : 　- 인건비, 임차료 지급 　- 공익목적 관련 기부금, 장학금, 연구비 등(100만원 초과분) 　- 수익용, 수익사업용 자산의 처분대금	① 전용계좌 미사용시 미사용액의 5/1000 ② 미개설한 경우 둘 중 큰 금액 　(수입금액, 의무대상 거래금액의 5/1000)
결산서서류 공시의무	① 대상 : 자산총액 10억원이상, 수입금액+출연재산 합계 5억원 이상 공익법인 ② 기한 : 사업연도 종료일로부터 4개월 이내 ③ 공시 : 국세청 인터넷 홈페이지	자산총액의 5/1000
기부금영수증 발급내역 작성 보관 제출의무	① 기부법인별, 기부자별 발급내역 발급한 날로부터 5년간 보관, 기부금영수증 발급명세서 제출 ② 기부금영수증 발급명세서 제출 : 사업연도 종료일이 속하는 달의 말일로부터 6개월 이내	① 사실과 다르게 발급 2/100 ② 기부법인별, 기부자별 미작성분 2/1000
계산서합계표 등 자료제출의무	① 부가가치세 과세기간 종료일로부터 25일 이내 (면세법인은 1/31일까지도 가능함)	미제출시 공급가액 1/100

공익법인 운용에 있어서 준수사항

1. 출연재산의 공익목적 사용

(1) 의의

조세지원을 통한 조세회피 수단 악용 방지

(2) 내용

1) 출연재산 현금인 경우

① 직접공익목적사업용 재산을 취득하기 위하여 지출한 금액

② 직접공익목적사업비로 지출한 금액

③ 수익사업용 또는 수익용재산을 취득하기 위하여 지출한 금액

2) 출연재산이 현금이외의 재산인 경우

① 직접공익목적사업에 사용하는 재산의 금액

② 수익사업용 또는 수익용재산으로 사용되는 재산의 금액

③ 당해 출연재산 매각대금으로 위 1) 출연재산이 현금인 경우 사용범위

(3) 사용기간

출연받은 날로부터 3년 이내에 사용하여야 한다.

3년이내 미사용시 공익법인에게 증여세가 과세된다. (공익법인이 사후관리 요건을 위배하여 증여세 추징시 당초 출연자에게 연대납세의무가 부여된다.)

2. 출연재산 매각금액의 공익목적 사용

(1) 내용

출연재산 매각시 당해 매각금액을 매각한 날이 속하는 사업연도의 종료일로부터

① 1년 이내 : 30%
② 2년 이내 : 60%
③ 3년 이내 : 90% 이상

직접 공익목적사업에 사용하여야 한다.

(2) 매각 금액 중 공익목적 사업에 미사용 혹은·미달 사용한 경우

출연재산 매각대금 중 공익목적사업외 사용금액과 90%의 비율에 미달 사용액을 증여가액으로 하여 공익법인에게 증여세 과세한다.

1년, 2년 이내 사용비율에 각각 미달하여 사용한 금액에 대하여는 미달사용액의 10% 가산세를 부과한다.

3. 출연재산 운용소득의 공익목적 사용

(1) 내용

공익법인은 수익사업용, 수익용으로 사용하는 출연재산 운용소득금액의 70%에 상당하는 금액 이상을 그 사업연도 종료일로부터 1년 이내에 직접 공익 목적사업에 사용하여야 한다.

(2) 미달 사용시 가산세

운용소득 중 사용기준금액에 미달하게 사용하는 경우 미달 사용한 운용소득의 10%에 상당하는 금액을 가산하여 부과한다.

4. 주식취득 및 보유시 유의사항

내국법인의 의결권 있는 주식을 출연받는 경우 출연받는 주식과 이미 보유하고 있는 주식, 출연자와 특수관계인이 출연한 다른 공익법인이 보유하고 있는 당해 내국법인의 주식수를 합하여 동일 내국법인 의결권 있는 발행주식 총수의 5%(성실공익법인의 경우 10%)를 초과하는 경우 그 초과분에 대하여 증여세가 과세된다.

5. 출연자 이사 취임시 유의사항

(1) 내용

출연자 또는 그의 특수관계인이 공익법인 등의 현재 이사 수의 1/5을 초과하여 이사가 되거나, 그 공익법인 등의 임직원이 되는 경우에는 가산세를 부과한다.

(2) 가산세

이사 초과 가산세는 이사 수에 대한 기준을 초과하는 이사가 있거나, 임직원이 있는 경우 그 자와 관련하여 지출된 급료, 판공비, 비서실 운영경비 및 차량유지비 등 직, 간접경비에 상당하는 금액을 가산세로 부과한다.

6. 특정기업 광고 등 금지

공익법인이 특수관계에 있는 내국법인의 이익을 증가시키기 위하여 정당한 대가를 받지 아니하고 광고, 홍보를 하는 경우 가산세를 부과한다.

7. 자기내부거래시 유의사항

출연받은 재산을 출연자 및 그와 특수관계 있는 자가 정당한 대가를 지급하지 않고 사용, 수익하는 경우에는 그 제공된 이익에 상당하는 가액을 공익사업에 사용하지 아니한 것으로 보아 증여세를 과세한다.

용어설명 자기내부거래

특수관계인간에 내부거래를 통하여 무상으로 이익을 이전하는 것

8. 특정계층에만 공익사업의 혜택 제공시 불이익

출연받은 재산을 사회전체의 불특정다수인의 이익을 위하여 사용하지 아니하고 출생지, 직업, 학연 등에 의하여 특정계층에만 공익사업의 혜택이 제공되는 경우에는 출연받은 재산을 공익목적에 맞게 사용하지 아니한 것으로 보아 공익법인에 대하여 증여세를 과세한다.

(공익법인의 설립시 또는 정관의 변경허가를 받는 경우에 당해 공익법인의 주무부장관이 기획재정부장관과 협의하여 공익법인이 공익사업 수혜자를 한정하는 것에 대하여 타당성이 있다고 인정하는 경우에는 증여세 과세대상에서 제외하고 있다.)

9. 공익법인 해산시 유의사항

공익법인이 공익사업을 종료하고 해산시에는 그 잔여재산을 국가, 지방자치단체 또는 당해 공익법인과 유사한 공익사업을 영위하는 공익법인에 귀속시켜야 한다.

잔여재산 중 국가, 지방자치단체 또는 공익법인에 귀속시키지 아니한 재산가액에 대하여 공익법인에게 증여세가 과세된다.

■ 상속세 및 증여세법 시행규칙 [별지 제23호서식] <개정 2012.2.28>

공익법인 출연재산 등에 대한 보고서

※ 뒤쪽의 작성방법을 읽고 작성하여 주시기 바랍니다. (앞 쪽)

접 수 번 호 :		접수일자 :	

1. 인적사항

①공익법인명		②사업자등록번호 (고유번호)	
③대표자		④사업연도	
⑤소재지		⑥전자우편주소	
		⑦전화번호	
⑧공익사업 유형	1.교육 2.학술·장학 3.사회복지 4.의료 5.종교 6.문화 7.기타		
⑨외부세무확인대상	1.여 2.부	⑩수익사업 운영	1.여 2.부
⑪회계감사이행여부	1.여 2.부	⑫성실공익법인여부	1.여 2.부

2. 자산보유현황

⑬총자산가액 (⑭+⑮+⑯+⑰+⑱)	⑭토지	⑮건물	⑯주식·출자 지분 등	⑰예금·적금 등 금융자산	⑱기타

3. 수입원천별 수입금액현황

구분	⑲합계 (⑳+㉔+ ㉗+㉘)	수익사업							㉗기타 수익 사업	㉘고유 목적 사업
		금융				부동산				
		⑳소계	㉑이자	㉒배당	㉓기타	㉔소계	㉕임대	㉖매각		
수입금액										
필요경비										
소득금액										

「상속세 및 증여세법」 제48조제5항 및 같은 법 시행령 제41조제1항에 따라 공익법인 출연재산 등에 대한 보고서를 제출합니다.

년   월   일

제출인   (서명 또는 인)

세무서장   귀하

제출서류	1. 출연재산·운용소득·매각대금의 사용계획 및 진도내역서(별지 제24호서식) 2. 출연받은 재산의 사용명세서(별지 제25호의2서식) 3. 출연재산 매각대금 사용명세서(별지 제25호의3서식) 4. 운용소득 사용명세서(별지 제25호의4서식) 5. 주식(출자지분) 보유명세서(별지 제26호서식) 6. 이사 등 선임명세서(별지 제26호의2서식) 7. 특정기업광고 등 명세서(별지 제26호의3서식) 8. 공익법인 등의 세무확인서, 공익법인 등의 세무확인 결과 집계표, 출연자 등 특수관계인 사용수익명세서, 수혜자 선정 부적정명세서, 재산의 운영 및 수익사업내역 부적정명세서, 장부의 작성·비치의무 불이행명세서, 보유부동산명세서(외부전문가 세무확인대상인 경우로 한정합니다)	수수료 없 음

210mm×297mm[백상지 80g/㎡ 또는 중질지 80g/㎡]

■ 상속세 및 증여세법 시행규칙[별지 제25호의2서식] <개정 2012.2.28>

출연받은 재산의 사용명세서

※ 뒤쪽의 작성방법을 읽고 작성하여 주시기 바랍니다. (앞 쪽)

①공익법인명				②사업연도					
③ 사업 연도 구분	④ 출연일	⑤출연자	출 연 재 산					⑪직전 사업연도 까지의 사용금액	해당 사업연도
			⑦ 종류		⑧ 소재지	⑨ 수량 (면적)	⑩ 가액		⑫ 사용 금액
		⑥ 주민등록 번호 등	코드	과목명					⑬ 사용처
⑭ 해당 사업 연도		소액계							
		합 계							
⑮ 직전 사업 연도									
		합 계							
⑯ 직전 전사 업연 도									
		합 계							

210mm×297mm[백상지 80g/㎡ 또는 중질지 80g/㎡]

■ 상속세 및 증여세법 시행규칙[별지 제25호의3서식] <개정 2012.2.28>

출연재산 매각대금 사용명세서

※ 뒤쪽의 작성방법을 읽고 작성하여 주시기 바랍니다.

(앞 쪽)

①공익법인명				②사업연도						
③ 매각 연월일	매각재산					⑧ 사용 기준금액 [⑦ × 30 (60, 90) /100]	사용명세			⑫ 미사용 금액 (⑧-⑨-⑩)
	④종류		⑤ 소재지	⑥ 수량	⑦ 매각 금액		⑨ 직전 사업 연도까지의 사용금액	해당사업연도		
	코드	과목명						⑩ 사용 금액	⑪ 사용처	
		합계								

210mm×297mm[백상지 80g/㎡ 또는 중질지 80g/㎡]

■ 상속세 및 증여세법 시행규칙 [별지 제25호의4서식] <개정 2012.2.28>

운용소득 사용명세서

※ 뒤쪽의 작성방법을 읽고 작성하여 주시기 바랍니다.

(앞 쪽)

①공익법인명		②사업연도	

1. 전년도 운용소득의 직접공익목적사업 사용실적

구분	⑦ 해당 사업연도	⑧ 1년 전 사업연도	⑨ 2년 전 사업연도	⑩ 3년 전 사업연도	⑪ 4년 전 사업연도	⑫ 5년간의 평균 (⑦~⑪의 평균)
③ 전년도 출연재산 운용소득						
④사용기준액 (③× 70/100)						
⑤1년내 사용실적						
⑥과부족액 (⑤ - ④)						

2. 해당 사업연도 운용소득의 계산

⑬ 수익사업 등의 소득금액	가산액			차감액			
	⑭ 고유목적 사업준비금	⑮ 기타	⑯ 소계 (⑭+⑮)	⑰ 출연재산 양도차익	⑱ 법인세 등	⑲ 이월결손금	⑳ 소계 (⑰+⑱+⑲)

㉑ 차가감소득 (⑬+⑯-⑳)	직전 사업연도 운용소득 미달사용액			㉕ 해당 사업연도 운용소득 (㉑+㉔)
	㉒ 기준미달사용액	㉓ 운용소득 미달사용가산세	㉔ 소계 (㉒-㉓)	

210mm×297mm[백상지 80g/㎡ 또는 중질지 80g/㎡]

[별지 제30호서식] <신설 2008.4.30>

전용계좌개설 (변경 · 추가) 신고서

신 고 인	① 공익법인명		② 사업자등록번호 (고유번호)	
	③ 대 표 자		④ 주민등록번호	
	⑤ 소 재 지		(☎ :)	

⑥ 개설금융기관	⑦ 예금종류	⑧ 계좌번호	⑨ 구 분

「상속세 및 증여세법 시행령」 제43조의2제10항에 따라 전용계좌(□개설 · □변경 · □추가) 신고를 합니다.

년 월 일

신 고 인 (서명 또는 인)

세 무 서 장 귀 하

※ 첨부서류 : 개설 또는 추가하는 통장 사본 1부

※ 작성방법
 1. 이 서식은 「상속세 및 증여세법」 제50조의2제3항 및 제4항에 따른 전용계좌를 개설 · 변경 · 추가하는 경우에 사용하는 서식입니다.
 2. 공익법인등은 최초로 공익법인등에 해당하게 된 날부터 3월 이내에 사업용계좌를 개설하여 납세지 관할 세무서장에게 신고하여야 합니다.
 3. 전용계좌를 변경하거나 추가하는 경우에는 사유발생일부터 1개월 이내에 신고하여야 합니다.
 4. 전용계좌는 1개의 계좌를 2 이상의 사업장에 대한 전용계좌로 신고할 수 있으며, 사업장별로 2 이상 개설할 수 있습니다.
 5. ⑨구분란에는 개설, 추가, 폐지 등으로 적습니다.

210㎜×297㎜(신문용지 54g/㎡(재활용품))

[부록2] 장애인 관련 혜택 요약 정리

1. 요금 감면

(1) 통신서비스

1) 내용

① 초고속인터넷, 유선전화, 무선전화를 감면 된 금액으로 사용할 수 있다.

② 자세한 사항은 각 서비스 회사 콜센타 문의

2) 처리방법

민원24(minwon.go.kr)온라인 신청

(2) 공영주차장

1) 내용

공영 주차장 사용시 할인된 금액으로 이용할 수 있다.
(지방자치단체별로 감면 할인율 차이가 있음.)

2) 처리방법

해당 매표소에서 구비서류(장애인등록증 또는 증명서)를 제시
(장애인 증명서는 민원24(minwon.go.kr)에서 발급)

(3) 교통

1) 내용

전철, 배, 비행기, 공영버스를 할인 또는 면제를 받을 수 있다. (등급에 따라 감면 할인율 차이가 있음)

2) 처리방법

장애인등록증 또는 증명서를 지참

(4) 문화시설

1) 내용

고궁, 능원, 국공립박물관 및 미술관, 국공립공원, 국공립공연장을 면제된 가격에 이용할 수 있다. (국공립 공연장중 대관공연은 할인에서 제외)

2) 처리방법

해당 매표소에서 구비서류를 제시

(5) 전기요금

1) 내용

중증장애인(1~3급)을 대상으로 전기요금을 감면 받을 수 있다.

2) 처리방법

민원24(minwon.go.kr)온라인 신청

(6) TV수신료

1) 내용

① 주거전용 주택 안에 설치된 TV수상기의 수신료 전액을 면제 받을 수 있다.

② 시각 또는 청각장애인이 생활하는 가정의 수상기만 지원

2) 처리방법

민원24(minwon.go.kr)온라인 신청

(7) 도시가스

1) 내용

① 중증장애인(1~3급)을 대상으로 도시가스요금을 감면 받을 수 있다.

② 대상자 가구가 사용하는 주택용(취사용, 개별난방용)만 가능

2) 처리방법

신청서와 장애인복지카드(사본)또는 장애인 증명서를 해당 도시가스 회사에 제출(장애인 증명서는 민원24(minwon.go.kr)에서 발급)

(8) 농어촌 재가 장애인 주택 개조사업

1) 내용

기초생활보장수급자 및 차상위계층중 등록장애인으로 자가소유자 및 임대주택 거주자 가구당 3,800천원(1,000가구 지원)

2) 처리방법

읍·면·동에 신청

(9) 생활수준 및 경제활동참가율 구간별 점수 산정시 특례 적용

1) 내용

① 등록된 장애인 모두에게 지원

② 지역가입자가 장애인인 경우 성별에 상관없이 1~4구간 중 1구간
   을 적용하여 일반인보다 의료보험료가 적게 부과

2) 처리방법

구비서류는 기재사항 변경 신청서 (소정양식), 장애인등록증 또는 장
애인증명서 국민건강보험공단 지사에 신청

(10) 방송수신기 무료보급

1) 내용

① 시청각장애인, 난청노인에게 지원 (저소득층 및 중증장애인 우선
   보급)

② 자막방송수신기, 화면해설방송수신기, 난청노인용수신기를 지원합
   니다.

2) 처리방법

방송통신 위원회 산하 (한국전파 진흥원 수행 ☎02-2142-4444,5)

2. 장애인 자동차

(1) 고속도로 통행료(고속도로할인카드)

1) 내용

① 고속도로 이용 시 통행료를 감면 받을 수 있다.

② 장애인자동차 표지를 부착하고 장애인등록증을 지참하고 있는 장
　애인이 동승할 때 서비스를 받음
③ 장애인자동차 표지를 차에 부착 (장애인 자동차로 등록하시면 고
　속도로통행료 할인과 공공주차장 할인 혜택을 받을 수 있음.

2) 처리방법
민원24(minwon.go.kr)온라인 신청

(2) 승용자동차 LPG연료 사용

1) 내용
① 차량 명의를 1～6급 장애인 본인으로 하거나 배우자 또는 주민등
　록표상 장애인과 함께 거주하는 직계존비속이나 직계비속의 배우
　자 신청할 수 있음.
② 등록장애인 또는 당해 장애인과 주민등록표상 세대를 같이하는
　보호자가 소유, 사용하는 승용자동차 1대만 해당

2) 처리방법
구비서류는 장애인등록증, 등록하고자하는 차대번호로 책임보험을 가
입하여 보험료를 납부한 영수증, 주민등록표 등본, 기타 장애인과의 관
계를 증빙하는 서류 필요시·군·구 차량등록기관 방문

3. 장애인 보건/재활

(1) 의료급여증 재발급

1) 내용

의료급여증을 교부 받은 자가 의료급여증을 심하게 훼손하거나 분실한 경우 또는 의료급여에 관한 기록을 할 수 없게 된 경우에 재발급 받을 수 있다.

2) 처리방법

민원24(minwon.go.kr)온라인 신청

(2) 건강보험증 재발급

1) 내용

분실, 훼손 등의 사유로 건강보험증을 사용할 수 없어나 판독이 불가능할 경우에 재발급을 받을 수 있다.

2) 처리방법

민원24(minwon.go.kr)온라인 신청

(3) 장애인 보조기구교부(대여.수리) 신청

1) 내용

장애인이 재활보조기구를 교부·대여 또는 수리 받거나 재활보조기구의 구입·수리에 필요한 비용을 지급 받을 수 있다.

2) 처리방법

민원24(minwon.go.kr)온라인 신청

(4) 장애인 재활보조기구 무료 교부

1) 내용

장애인복지법 제32조의 규정에 의거 등록한 지체, 뇌병변, 시각, 청각, 심장장애인에게 해당

2) 무료 교부되는 보조기구

① 욕창방지용매트 : 1 2급의 지체·뇌병변·심장 장애인

② 음향신호기의 리모콘 : 시각장애인

③ 음성탁상시계 : 시각장애인

④ 진동시계 : 청각장애인

⑤ 워커, 식사보조기구, 기립보조기구 : 뇌병변 1~2급 지체기능장애인 1~2급중 워커, 식가보조기구, 기립보조기구가 필요하다고 판단되는 장애인(근육병 등)

3) 처리방법

읍·면·동 주민지원센터 방문

(5) 산정된 보험료의 경감

1) 내용

생활수준 및 경제활동 참가율 구간별 점수 산정의 특례를 적용하여 낮은 수준으로 책정된 건강보험료에 대하여 저소득층의 장애인에게 지원하는 서비스

① 지역가입자의 장애등급이 1~2급인 경우 30% 감면

② 지역가입자의 장애등급이 3~4급인 경우 20% 감면

③ 지역가입자의 장애등급이 5~6급인 경우 10% 감면

2) 처리방법

구비서류는 경감신청서(소정양식), 장애인등록증 또는 장애인증명서
국민건강보험공단 지사에 신청

(6) 보장구 건강 보험 급여(의료급여) 실시

1) 내용

① 건강보험대상자는 적용대상 품목의 상한액 범위 내에서 구입비용
  의 80% 지원
② 의료급여대상자는 적용대상 품목의 상한액 범위 내에서 전액 지원
③ 등록장애인중 건강보험 가입자와 의료급여대상자는 등록된 신체
  장애를 보조할 수 있는 보장구에 한하여 의료보험 보호 급여적용
  이 가능

2) 처리방법

① 건강보험 : 공단
② 의료급여 : 시군구청

(7) 장애인의료비 지원

1) 내용

① 의료급여법에 의한 2종 수급권자인 장애인 - 장애인 의료비 지원
  은 장애인 본인만 해당
② 1차 의료급여기관에서 처방전 교부시 처방전은 교부하지 않고 진
  료하거나 약사법 규정에 의해 의약품을 직접 조제하는 경우 본인
  부담금 1,500원 중 750원 지원
③ 2차, 3차 진료기관 및 국·공립결핵병원 진료시 의료보호수가 적

용 본인부담 진료비 15% 전액 장애인 보장구 구입시 상한액 범위 내에서 의료급여 본인부담금 15% 전액 지원

2) 처리방법

의료급여증과 장애인등록증을 제시

(8) 장애인진단비용 지급

1) 내용

① 장애인 등록을 위하여 최초로 장애진단을 받은 국민기초생활보장 수급자에만 해당
② 정신지체, 발달(자폐) : 40,000원 그 외 15,000원이 지급
③ 시·군·구에서 의료기관에 직접 지급

(9) 자동차분 건강보험료 면제

1) 내용

지방세법에 의하여 장애인을 위하여 사용하는 자동차로서 지자체가 자동차세를 면제하는 자동차

2) 처리방법

국민건강보험공단 지사에 신청

4. 장애인 자금대여 외

(1) 장애인 자립자금 대여(장애인근로자 융자)

1) 내용

① 최저생계비 200%이하 가구의 성년 등록장애인을 대상으로 지원
② 무보증대출의 경우 가구당 1,200만원 이하, 보증대출의 경우 가구당 2,000만원 이하, 담보대출의 경우 담보범위내(5.000만원 이하)로 자립자급을 대여

2) 처리방법

복지대상자 자금대여 신청서, 자금대여 사업계획서를 첨부하고 소득·재산 신고서를 작성하여 거주지의 읍·면·동에 신청

(2) 장애인 수당 지급

1) 내용

① 기초수급 중증장애인 : 1인당 월 130천원
② 기초수급 경증장애인 : 1인당 월 30천원
③ 차상위 중증장애인 : 1인당 월 120천원
④ 차상위 경증장애인 : 1인당 월 30천원
⑤ 보장시설 기초중증 장애인 : 1인당 월 70천원
⑥ 보장시설 기초경증 장애인 : 1인당 월 20천원

2) 처리방법

읍·면·동 주민지원센터 방문

(3) 장애아동수당

1) 내용

국민기초생활보장법에 의한 수급자 및 차상위 계층(120% 이하)의 18세미만 재가 장애아동지원

① 기초중증 : 1인당 월 200천원
② 차상위중증 : 1인당 월 150천원
③ 기초및차상위 경증 : 1인당 월 100천원

2) 처리방법

읍·면·동 주민지원센터 방문

■ 참고문헌

세법개론(도서출판 어울림, 김갑순·양성희)

■ 법령(법, 시행령, 시행규칙)

국세기본법, 법인세법, 소득세법, 부가가치세법, 상속증여세법, 조세
특례제한법, 국세징수법

■ 인터넷

국세청
국세청고객만족센터
조세심판원
보건복지부